Intelligence 3.0

目次

はじめに

私たちは、仕事によって生かされています。ここで言う仕事とは、サービスや商品などの価値を生み出し、他の人に提供し対価を得ることを指します。価値を生み出すためには、他の人からサービスや商品を購入する必要があります。価値を生み出すために要したサービスや商品の価格と、自らの生存に要する費用の合計を、価値を提供することで得た対価が恒常的に上回っている時、その仕事は事業であると言えます。価値のつながりによる事業と事業の連鎖をバリューチェーンと呼びます。

多くの場合、事業は会社や家族などの組織によって運営されています。事業を行うのが個人であれ組織であれ、個人の暮らしと生活の持続が事業存続の必須の条件です。ですから、全てのバリューチェーンは、最終的には一人ひとりの個人に提供する価値へと収斂《しゅうれん》します。あらゆる仕事の成果は巡り巡って、個人へと辿り着くというわけです。

したがって、世の中に無駄な仕事、意味のない仕事というものはありません。ただ、持続できない仕事というものはあります。また、特定の個人や組織にとって有害な仕事というものもあります。20世紀から21世紀初頭までの社会のボーダーレス化、情報化、グローバル化は、そのことを誰の目にも見えるようにしたといえるでしょう。

私たちが仕事によって生かされているということは、より良き生はより良き仕事によって実現するということでもあります。日本において、今日のような個人の生き方と仕事の関係があからさまになり、個人の意思決定が大きな意味を持つ時代は、これまでありませんでした。個人の意思決定が大きな意味を持つのはなぜかというと、唯一の正解というものが存在しないからです。

バリューチェーンを構成する最小単位は、一つひとつの価値の受け渡しです。価値の受け渡しは分業によって生まれる行為です。そして分業の実現には共通の知恵と情報であるインテリジェンスが必要です。およそ1万年前の都市の誕生は、食糧生産の分業というインテリジェンスによってもたらされました。これをインテリジェンス1・0と呼びましょう。分業体制は中世ヨーロッパに端を発する重商主義革命を経て、資本の循環という形で全世界を覆うに至りました。そのようにして誕生したインテリジェンス2・0が、今日までの資本主義世界システムと呼ばれる仕組みを支えています。そして今日、情報技術の発達と普及という人間社会の圧倒的な生産性向上という正の圧力と、温暖化などの地球環境問題や地域間格差によって明らかになった人類の生存域の有限性という負の圧力の相剋《そうこく》という新しい事態が、私たちに新たなインテリジェンス獲得の必要性を突き付けています。

私たちは、正解のない問い、見たこともない新しい問いの時代を生きています。新しい問いに応える新しい答えを見つけるための、新しい仕事が社会から渇望されています。これからの新しい仕事を実現するために共有される知恵と情報の在り方をインテリジェンス3・0と呼ぶことにしたいと思います。本書を、読者の皆さんのインテリジェンス3・0の獲得に役立てていただければ幸いです。

序章　生きるためのインテリジェンス

――これからの自由――

仕事について「会社なんかやめて独立すれば？」という感じのアドバイスは私のまわりの至る所で繰り返されているように思いますが、「そろそろ組織の中で仕事をしなよ」と言うようなアドバイスは、私の身の周りではあまり聞きません。つまり、「組織」の一員となって働くことの意義を正面から説く人はあまりいないように思うのです。働き方としての理想の在り方は、独立や起業であって、組織の一員として仕事をすることは、仕事の質よりも経済的理由やリスク回避を重視した「仕方のない」選択の結果であるかのように主張する人もいます。しかし実際には、私たちが享受している社会サービスは、個人の才覚によってではなく組織の力によって私たちの手許に届けられているのであって、それを私たちは皆知っています。

P・Fドラッカーは、その最も有名な著作「マネジメント――課題・責任・実践」の前書きにおいて、こう述べています。

われわれの社会は、信じられないほど短い間に組織社会になった。しかも多元的な社会になった。…（中略）…

この変化に気づいたとき、「くたばれ組織」との声が上がったのも無理はない。だが、この反応は間違っていた。なぜなら、自立した存在として機能し成果をあげる組織に代わるものは、自由ではなく専制だからである。…（中略）…

組織が成果をあげられないならば、個人もありえず、自己実現を可能とする社会もありえない。自立を許さない全体主義が押し付けられる。自由どころか民主主義も不可能になり、スターリン主義だけになる。自立した組織に代わるものは、全体主義による独裁である。…（中略）…

したがって、自立した組織をして高度の成果をあげさせることが、自由と尊厳を守る唯一の方法である。その組織に成果をあげさせるものがマネジメントであり、マネジメントの力である。成果をあげる責任あるマネジメントこそ全体主義に代わるものであり、われわれを全体主義から守る唯一の手だてである。

ドラッカーは、組織には自由がない（あるいは制約される）、という主張には同意しません。むしろ、組織なくして自由は存在できない、そして自由を守るために、組織にはマネジメントを通して成果をあげる責任があると主張します。

中東における民主化運動の一部に見られるような、既存組織の解体がより強固な独裁を生んだり、「成果」が不足していた企業で独裁的な職員管理が行われたり、というニュースは、ドラッカーが考える組織の責任とマネジメントの役割の必要性を実証しているようです。

今日、政府や企業、医療・教育をはじめとするさまざまな機関は、より困難な課題に直面し、組織としてより高い成果をあげることを求められるようになりました。そしてその過程に一人ひとりの個人がより主体的に関わらなければならない状況が生まれています。例えば、新型感染症拡大防止策として一人ひとりがどのように行動するべきなのかについての個人の主体的な判断と行動が、組織運営に大きな影響を与えています。

そのようなわけで、今や私たち一人ひとりに、「自由」のためにマネジメントを理解し実践していくことが求められる時代となりました。

ところで、ここで掲げている「自由」とは何でしょうか。哲学的にはさまざまな答えがありえますが、「やりたいことがやりたい時にできること」というのが、一般的な感覚ではないかと思います。端的には「個人の幸福を主体的に追求する権利」と言えるのではないかと思います。

社会を維持していくための分業体制の中で、必要性は認めるけれども自分はやりたくない役回りというものがあります。メディアやＳＮＳでは称賛や感謝の声が集まりますが、自分の子供には「あの仕事はやめておけ」というような仕事です。それは、企業内においても割に合わない部署、なり手がいない職務という形で存在しています。「そうはいっても誰かが引き受けるべき」という言い方で解決しようとするならば、それは倫理または集団圧力による強制的な解決だと言えます。一方で仕組みとして解決するのがマネジメントです。前者の方法は簡単ですが、後者の方法には戦略や知恵が必要です。

資本主義経済は分業による利益の追求によって成り立っていると解釈すると、そこでの仕事とは、他者を利益追求の手段とみなすことで成立するものとなり、他者の自由を無視または過小に認識していくことにつながります。

私たちは、自分が自由に生きるためには社会が自由である必要があることを受け入れ、マネジメントを実践する必要があります。そのための戦略や知恵を本書ではインテリジェンスと呼びたいと考えます。

第1章　営み　マネジメントの必要性、働くとはどういうことか

1　引き延ばされた人生100年時代

「『持ちのいい人か』、まったくね！」ビルボはそういって、ふんと笑いました。「そう、何というか、薄っぺらになったという感じ、わかるでしょう。『引っ張って引き伸ばされた』っていう感じなんですよ。……こいつはとてもまともなこっちゃない。わたしには、変化というか、何かが必要なんです。」（『指輪物語 旅の仲間上』69ページ）

「ロード・オブ・ザ・リング」のタイトルで映画化もされたＪ・Ｒ・Ｒ・トールキンによる小説「指輪物語」の主人公の父親、ビルボ・バギンズが111歳の誕生日を迎えた場面でのセリフです。ビルボは、指輪の魔力の影響で知らぬ間に老化が遅くなり『持ちのいい人』となった自分を振り返り、旅に出ることを決意します。

寿命が延びるというのは、私たちにとってどのような意味を持つのでしょうか。冒頭に挙げたビルボ・バギンズによれば、引き伸ばされた分、薄くなったということになります。人生

１００年時代という、人類史上初めての状況に直面している私たちの人生は「引き伸ばされている」ことを認めるところから始める必要があると私は考えます。

平均寿命が延びるに従い、「大人」として成熟するまでの期間もますます長くなっています。20歳イコール成人という決めごととは別に、養われる側から養う側に替わる時点を実質的な「成人」と考えると、現在の平均的な「成人」年齢は30歳近くになるのではないでしょうか。長寿ＴＶ番組としてなじみの深い「サザエさん」に登場する磯野波平は54歳という設定なのだそうです。今日の現実の54歳男性とは仕事、生活、家庭環境が大きく違うのに、ほとんどの人がそのことに気を留めません。60年前の54歳の当たり前の姿を、現在に当てはめると何歳ぐらいでしょうか。私は74歳と言われても納得できます。

引き伸ばされた人生に対応して企業は定年延長制度を導入しましたが、そこに勤務するサラリーマンの多くは、50代後半の役職定年制度を見据えて50歳台になるとみるみるモティベーションが下がっていく状況にあります。確かに人生は、引き伸ばされただけではなく、薄くもなっているようです。

２００４年生まれの日本人のうち、約半数が１００歳まで生きるという試算があります。小卒、中卒での就職が当たり前だった明治時代から、大卒、院卒が当たり前の時代になり20歳時点での平均余命が大幅に伸びた結果、再雇用制度などを導入しても人生のうちで就労期間が半分にもならない時代となりました。私たちの寿命が延びるのに合わせて、教育も企業就労期間も薄く引き伸ばされてはきましたが、寿命の延びには追い付いていないことがわかります。私たちの感覚も社会制度も、織田信長が謡った「人生50年〜」からほとんど進歩していないのです。

21世紀の個人が直面する、人生100年時代という「まともなこっちゃない」事態は、一人ひとりの生き方への考え方を変えていきます。同時にそれは、ビジネスのありようも根本的に変えていくでしょう。なぜなら、民主主義的に運営されている社会において、あらゆる仕事、事業、ビジネスを成立させているバリューチェーン（価値の連鎖）は一人ひとりの個人へと収斂していくものだからです。（収斂先はしばしば極端に偏ることがあるにしてもです。）私たちは「変化というか、何か」を必要としています。それは何でしょうか。ビルボ・バギンズにとっての「旅」にあたるもの。それは挑戦とチャレンジなのではないでしょうか。人生100年時代は、全ての人にとっての挑戦とチャレンジの時代なのです。

図1：人生100年時代に向けた社会構造の変革

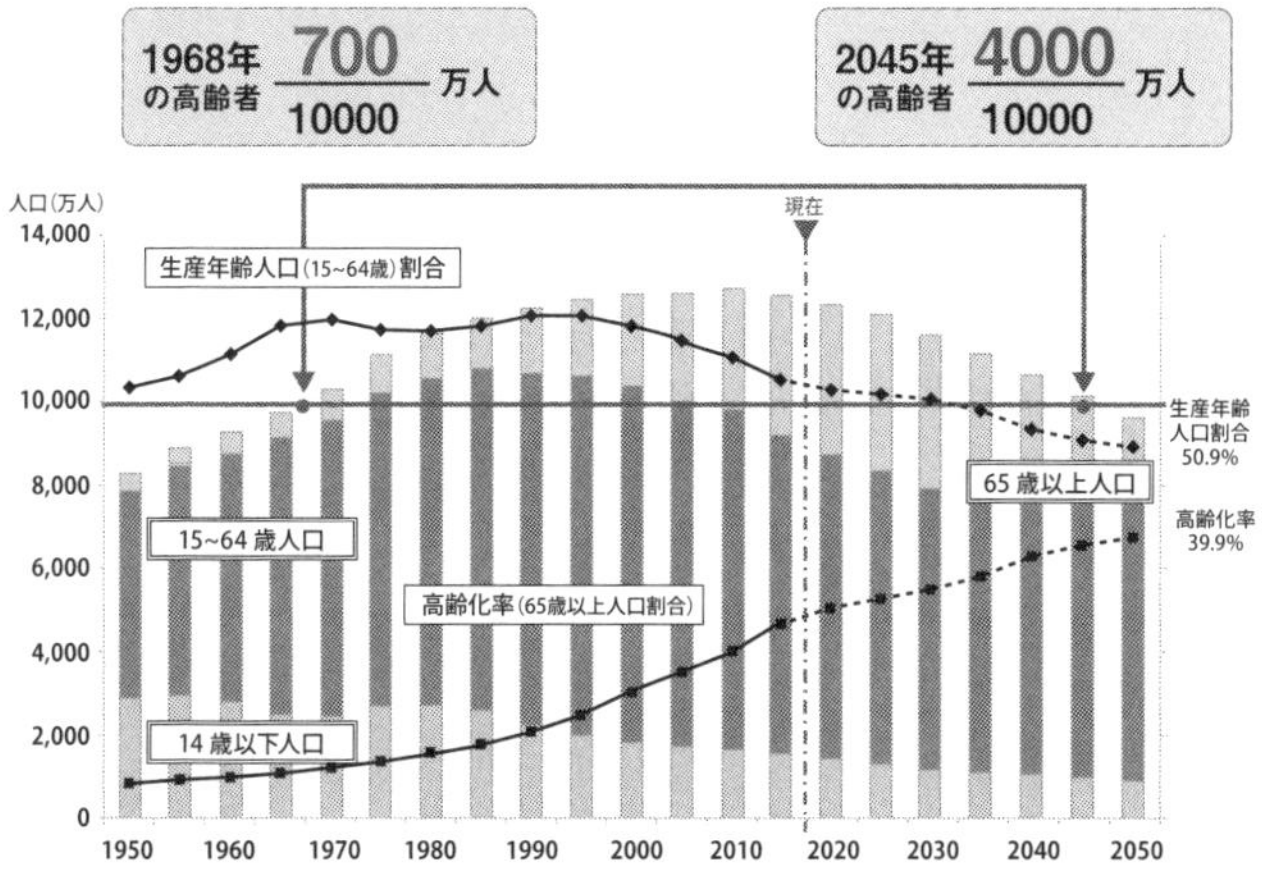

人生100年時代に向けた社会構造の変革

日本の人口は1968年に1億人を超えた。1億人を切るのは2045年頃の見込み。

人口減少の進みは緩やかだが、1億人の内訳は全く異なる。

今日、生産年齢とされている64歳を越えた人の割合は1968年は人口の7%だったが、2045年には40%を占めると予測される。

生産年齢の概念そのものの見直しが求められている。

図2：ライフステージの変化（男子で代表した）

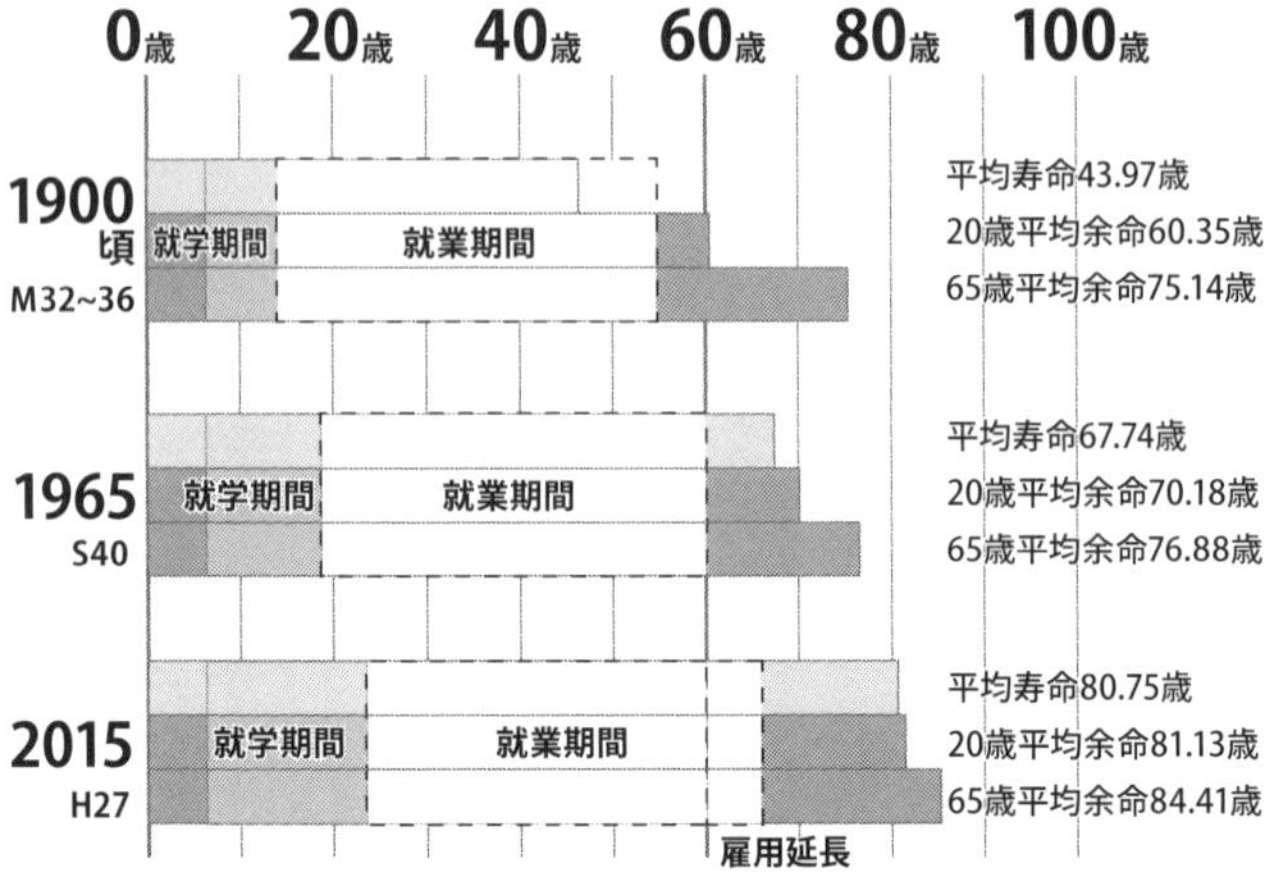

平均余命の年次推移（厚生労働省）より著者作成
20歳、65歳の平均余命は、生命表平均余命に、その時点の年齢を加算したもの

ライフステージの変化

平均寿命は明治以降右肩上がりで上がってきた。1900年頃の日本の平均寿命43.97歳だが、当時も高齢者はいた。成人時（20歳）を迎えた人の平均寿命、生産年齢終了時（65歳）の平均余命（本来、平均余命とはその年齢からの余命が何年かを意味するが、ここではわかりやすくするために、平均余命に年齢を加算し、何歳で平均余命を迎えるかを表示した）

明治期には20歳まで生きた人の平均余命は60.35歳だったので55歳定年には一定の妥当性があった。

高度成長期、高卒、大卒が徐々に増えて就業開始年齢が遅くなるが、20歳まで生きた人の平均余命は70.18歳で、60歳定年では人生の60%が就業期間だった。

平成に入り大卒が当たり前になり就業開始がますます遅くなる。若年期の死亡率が低下したため、平均寿命と20歳、65歳の平均余命の差が縮まった。60歳定年では就業期間は40年を切るが、20歳まで生きた人の平均余命は81.13歳で人生における就業期間は60歳定年では1/2以下となる。65歳まで生きた人の平均余命は84.41歳で、雇用延長を考慮しても、晩年の20年間の意味は重い。

2　選ばれるということ

ビジネスにおいても、日常生活においても、あるいは人生においても、私たちは自分の夢や希望を社会的に叶えていくために、誰かにプロポーズ（Propose）しなければならない場面が必ずあります。といっても、結婚を申し込むという意味ではなく、相手の「前（Pro-）」に、「置く（pose）」、つまり、自分の価値を提示するという意味です。動詞形のプロポーズよりも名詞形のプロポーザルという言い方の方がビジネスにおいてはしっくりくるようです。プロポーザルの場合、企画や提案の競争という意味で使われますが、やはり「価値の提示」というポイントを押さえておくべきでしょう。

現代のあらゆる「事業」は「顧客」の存在によって成り立ちます。自身もまた顧客として、サービスや商品を調達し、それをもとに自らのサービスや商品を、顧客に購入してもらう、という「顧客」の連鎖がバリューチェーンです。私たちは、事業の成功のために顧客に価値を認められ、選ばれて、バリューチェーンから利益を上げたいと思っています。

競争状態にあって、自分たちを優先的に顧客に選定してもらうためには、自分たちを知ってもらい、選んでもらう必要があります。その一連のコミュニケーションが「プロポーザル」です。そしてプロポーザルの一連のプロセスにおいて最大の山場となるのがプレゼンテーションです。オスの孔雀が飾り羽を広げるメスへの求愛行動はプレゼンテーションと言えるでしょう。自らの価値を表現し、相手に伝えるのがプレゼンテーションです。

コミュニケーションとしてのプレゼンテーションには、いくつかの特徴があります。

その最大の特徴は時間の制約があるということです。シンデレラは真夜中の12時までという時間の制約の中で自分の魅力を伝えきることができました。プレゼンテーションではないコミュニケーションでは、時間の制約はあまり問題になりません。気心の知れた家族内でのコミュニケーション、友人との尽きるとも知れない語らいなど、翌日また会えばよいのです。

基本的にプレゼンテーションは、同じ条件は2度と巡ってこない1度限りのチャンスです。ですからコミュニケーションとしてのプレゼンテーションは1度のチャンスに全ての意図を凝縮したものでなければならず、その目的達成の確度を高めるためにはプレゼンテーションの戦略が必要になります。それは、プレゼンテーションの瞬間に向かってさまざまな準備を行い、そのかけた時間をプレゼンテーションの一瞬に凝縮していくという企画です。

コミュニケーションが重要視される時代となりましたがその質は時間的制約によって大きく異なります。限られた時間での瞬間的なコミュニケーションに長けた人間は信用できないという考え方もありますが、長い時間をかけた準備を一瞬に集約したコミュニケーションと考えればそうではないと言えるのではないでしょうか。

さて、競争であり目的がある以上、プロポーザルには勝ち負けがあります。スポーツではないので、ルールが公平である必要も論理的である必要もありません。ビジネスにおけるあるプロポーザルの判定基準が論理的だったとしたら、その場合は、判定する側にそれが有利だったからに過ぎません。正確に言えば、プロポーザルの勝ち負けは、ルールに沿った判定ではなく、相手の意思決定の問題なのです。

図3：プレゼンテーションとは・・・

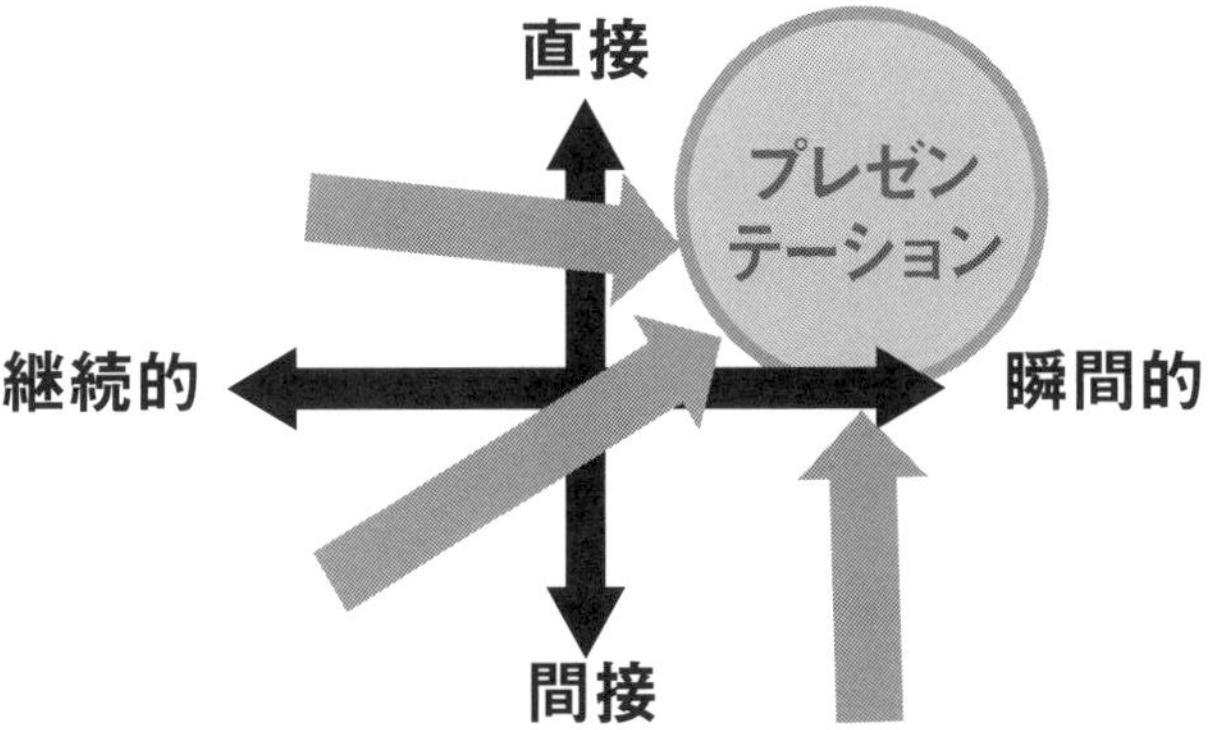

全てのコミュニケーション要素を瞬間・面前に凝縮する

コミュニケーションとしてのプレゼンテーション

コミュニケーションには、伝聞や噂話などを介した間接的なコミュニケーションと、リアルタイムでやり取りをする直接的なコミュニケーションがある。また、持続的なコミュニケーションと、瞬間的なコミュニケーションの違いもある。

プレゼンテーションとは、ある成果をあげることを目的として、図式化による圧縮、抽象化、比喩などのテクニックを活用して、限られた時間と空間に凝縮されたコミュニケーションである。

3　プロポーザルの勝敗

プロポーザルのゴールとしてのプレゼンテーションとは、相手が自分の目的にかなった意思決定を下すよう影響を与えるためのコミュニケーションです。心を動かすという観点で考えれば、ビジネス的な利益の提示以外にできることはたくさんあります。プレゼンテーションの場で起こる出来事を多面的に捉えることで、プレゼンテーションの可能性は大きく広がります。そのようなプレゼンテーションを実現するプロセスを、とりあえず多元的なプロポーザルと呼びましょう。

さて、人に影響を与えるとはどのようなことでしょうか。社会心理学者のジョン・フレンチとバートラム・レイブンは、相手に対して影響を与える力のことを勢力と呼び、これを6つに分類しています。①報酬勢力、②強制勢力、③正統勢力、④準拠勢力、⑤専門勢力、⑥情報勢力の6つです。

利益の提示により影響を与える報酬勢力の駆使は、その利益がコンプライアンスにかなったものである限り最も順当な手法であると言えるでしょう。損害をほのめかす強制勢力は何やら不穏な印象がありますが、報酬勢力の補完的手法となります。正統勢力とは、社会的に妥当であることを根拠とした勢力です。先輩、後輩の関係を使う場合や、形式的なCSRなどが挙げられるでしょう。準拠勢力は、ブランディングの最終目標とも言えるかもしれません。これは相手が自分に対して魅力を感じ一体でありたいと考えている状態です。正統勢力と準拠勢力は、意外と使われています。専門勢力は相手が専門的な知識や技術を持っていると考えている場合です。保有資格やPhDなどの肩書、そして実績がある人物からの意見やアドバイスがこれにあたります。最後に挙げた情報勢力というのは少し特殊です。自分たちの知識や情報の伝達が集団の外にいる相手に影響を及ぼすというもので、SNSにおけるインフルエンサーの影響力などが挙げられるでしょう。

さて、もし自分たちに圧倒的な競争力のあるサービスや商品があれば、利益を与えることで相手を動かす報酬勢力だけで、プロポーザルの目的を達成することができるでしょう。この場合のプレゼンテーションは極めてシンプルなものになるはずです。しかし、競争下のプロポーザルでは、圧倒的優位といえども報酬勢力以外のさまざまな手法を検討し、プレゼンテーションを構築するべきです。

少し考えればわかると思いますが、報酬勢力、強制勢力以外の勢力は「取引」の有利不利との直接的な因果関係が不明です。これは、競争上優位な「報酬」の提示が難しい時に使いやすいということでもありますし、競争上優位な「報酬」をひっくり返す可能性があるということでもあります。もし、絶対的に有利な状況を競合にひっくり返されることがあったとしたら、それは「報酬」以外の勢力に相手が勝っていたということになります。

私は独身時代に、父から結婚についてこう諭されました。

「10のうち9が良くてもダメな1つが原因でダメになることもある。10のうち9がダメでも残りの1が決め手になって結婚するのはよくあることだ」

プロポーザルの勝敗とはこういうものなのだと思います。

「勝ちに不思議の勝ちあり、負けに不思議の負けなし」という野村克也監督の有名な言葉があります。プロポーザルにおいては、「不思議の負けなし」とは、ダメな1点となっていた「何らかの劣っていた勢力」が必ずあり、「不思議の勝ちあり」とは、決め手となった1点が思わぬところにあると私は解釈しています。

4　フェアプレーはなぜ必要か

フェアプレーの精神が大切だということは、高校野球の開会式でも宣誓されるほど当たり前と思われています。しかし、それがなぜ大切なのか、それを大切にしたらどのような良いことがあるのか、ということについて、私はかなり長い間、無頓着に過ごしてきました。スポーツをする時はフェアプレーが大切だが、ビジネスにおいてはなりふり構ってはいられないという風潮もゼロではなかったと感じています。

ルールを破っても審判によるペナルティを受け入れれば、試合として公正だという考え方もある一方で、ルール上は禁止されていなくてもルールの根底の精神に反していることは守るべきという考え方もあり、他方でルールより上位の人としての在り方やマナーとして守るべき約束があるという振れ幅の中で、学校体育におけるスポーツを卒業すると、ルールギリギリが当然という風潮はないでしょうか。しかし自己の利益のためにルールギリギリを狙う、または罰則がなければ違反しても良いという姿勢は、お世辞にもフェアプレーとは言えないでしょう。

フェアプレーは相互的なものだとすると、競争相手にも同じ土俵に立ってもらわなければ、フェアプレーの精神を守る側が一方的に不利な状況に置かれることが多いという点も問題です。こうしてみるとフェアプレーというのは神話か、それともマナーに関するある種の慣習、様式美のようにも感じられます。

長い目で見ればフェアプレーの精神こそが自己のブランディングであり、評判や信用といったアドバンテージを維持する上で有用なものであるという考え方は多くの人の賛同を得られると思います。しかし、残念ながら、そのために1つひとつの試合の局面では多少不利でも歯を食いしばるべきということを正当化するには全く足りません。なぜなら多くの場合、小さな成功の積み重ねが大きな成功へと至る道だからです。そしてまた、競争環境下では、長期的な最適化戦略をとるプレイヤーが、短期的な敗北によって退場させられるのもよくあることです。

フェアプレーの精神は、無用のものとして淘汰されていくか、形骸化してゆく運命にあるのでしょうか。私は、短期的な局面で勝つためにこそ、フェアプレーにこだわるべきと考えます。ペナルティがなければルールに違反してもよい、あるいはルールに抵触しなければ何をしても良い、と考えた時、その人は行動規範をルールという外部的基準に全面的にゆだねていると言えないでしょうか。フェアプレーの精神を足かせと考える人は行動規範をルールという外部的基準に全面的にゆだねているという点で、フェアプレーを意に介さない人と同レベルであり、自由度が少なくなる分、不利な状況に置かれることになります。しかし、外部のルールや規範、基準ではなく自己のルールや規範、基準であればどうでしょうか。私が考えるフェアプレーの精神とは、まず、自律的な行動規範なのです。

ビジネスにおいてもスポーツにおいても、最大の成果を得るために瞬間的に全力を出さなければならない瞬間が訪れます。そのためには、十分な潜在的能力を蓄えていることと、その潜在的能力を最大限発揮できるパフォーマンス力が必要です。日常的なトレーニングによって個人が備えている基本的な能力、という意味での潜在的能力を向上させるために、私たちはトレーニングを重ねます。そしてこの潜在的能力はトレーニングによって向上する以外は、急に高くなったり低くなったりするような性質のものではありません。練習は裏切らない、というのはこのことです。

しかし試合の当日、急に能力を発揮できなくなるというケースはよくあります。また一方で本番の試合では日頃の能力を超えた成果をあげる場合もあります。このような潜在的能力を発揮できる度合がパフォーマンス力です。

パフォーマンス力は、自分でコントロールできないものにとらわれた時、低下します。「コントロールできないもの」とは、起こってしまった「過去」、誰にもわからない「未来」、そして「他人の評価」です。この3つからの強力な影響力と無縁である人は少ないでしょう。かつて大リーグで活躍していたイチロー選手のインタビューが素っ気なく感じるのは、過去（今日の試合を振り返って）、未来（次の試合への抱負）、他人の評価（他選手からのコメント）について、全く答えなかったからだという分析を聞いたことがあります。そのような目で試合後のインタビュー中継を見ると、イチロー選手の強さに納得できました。ＥＱ（こころの知能指数）にもとづく企業研修のお手伝いをさせていただくことがあるのですが、日本人の大きな傾向として、自分の内的な心の声に耳を傾ける「内的自己意識」よりも、外部からの評価を行動に反映する「外的自己意識」の方が高い人が多くみられます。そのこと自体が悪いわけではありませんが、パフォーマンス力の観点からは不利な傾向だと思います。

自分を信じ、チームに共感し応援する人に感謝し、そして敵が全力を出せることを喜ぶ、そのメンタリティが自分のポテンシャルを最大限引き出すことができるのです。場合によっては、試合中に相手チームや審判に抗議をするということも必要であり大切なことかもしれませんが、そのようにして試合に対する敬意のメンタリティが途絶えると、多くのケースでその後のパフォーマンス力が低下していくように見えます。自律的に内面化したフェアプレーの精神は、パフォーマンス力を向上し、勝負強さを引き上げる効果があるということはビジネスにおいても違いないと信じています。

5　ポスト・コロナ社会のリスクと正義

アメリカのSF小説家、フィリップ・K・ディックによる1956年の短編小説「マイノリティ・レポート」は、スティーブン・スピルバーグ監督、トム・クルーズ主演で2002年に映画化されたのでご存知の方も多いのではないでしょうか。ここで描かれている2054年のアメリカでは、全ての殺人事件を事前に予知する殺人予知システムが実現し殺人事件の発生率は0％になっています。このシステムが殺人を予知すると、予防的治安維持機能を遂行する犯罪予防局によって、犯人（の予定者）は犯罪の発生前に逮捕され投獄される仕組みです。

さて、私たちの現実の問題として、犯罪の可能性がある（高い）という理由での処罰は正当なものなのでしょうか。刑法学の分野では長年にわたり、違法とは何か、について「法益侵害説」と「規範違反説」の2つの軸が議論の中心となってきました。私なりにざっくりとまとめると、「法益侵害説」とは他人に怪我をさせたとか、利益を損ねたという「結果」を犯罪の本質とする考え方です。一方、「規範違反説」とは社会的に守るべきルールとしての法に背く「経過」を犯罪の本質とする考え方です。

「規範違反説」では、誰にも損害を与えていない状態でも犯罪にあたります。この先の考え方はさまざまあるようですが、規範に違反するとは、他者を害する「可能性」の保持を選択したから、という解釈があります。交通法規における信号無視や飲酒運転が、事故を起こしていなくても処罰の対象となるのはこのためです。「規範違反説」の問題は、「道徳」の取り扱いにあると言われています。一方で、ルールを守らない個体を、本能的に群から排除する行動というのは動物的で本能的なものでもあります。「道徳的な」断罪や追及の行為に快感を得ているとしか思えない言動をとる人がいるのはそのためなのだと私は考えています。そして「規範違反説」は刑法論の歴史においてナチスドイツ下で精緻化された経緯があります。

冒頭の「マイノリティ・レポート」の世界は、結果ではなく犯罪の可能性を消滅させる志向性をとことん突き詰めた、極限的「規範違反説」的社会だといえます。映画の中の「規範違反説」的社会の息苦しさや非人間性が不愉快なものであることに賛同する人は多いと思いますが、現実社会では「規範違反説」的社会を強く求める人が多数を占めつつあるのではないでしょうか。「規範違反説」的な論の多くは正論であり、困ったことに反論しづらいものですが、「規範違反説」的な言動はしばしば攻撃的で、私は動物的な印象を受けます。新型コロナウィルス禍の只中に、パチンコ店に詰めかける人々やマスクをせずに出歩く人への自粛警察的な実力行使は、「規範違反説」的な本能に沿ったものと言えるのではないでしょうか。

私たちは、身の危険を強く意識した時「規範違反説」に大きく傾く性向を備えているのです。「規範違反説」は、結果ではなく将来の損害可能性の低減に向けた働きかけという側面があることから、リスクマネジメントの概念との高い親和性を備えているとも言えるでしょう。

さて、近年日本では「事件・事故・犯罪の再発防止のための規制新設・強化と広範囲化」、「規制やルールの運用の厳格化と違反者への厳罰化」など「規範違反説」側のより一層の強化を要求するメディアや有識者の声がますます大きくなっていましたが、コロナ禍は状況をさらに推し進めています。行動だけでなく、体温、脈拍、そして抗体の有無まで国家が監視する「マイノリティ・レポート」的な全体主義世界が現出しそうです。

独裁的な社会運営をしている国の方が、コロナウィルスによる感染拡大に成功しているように見えるのは、当然のことかもしれません。本能的に独裁を求める声が高まり、民主的な社会運営が非難される時代が近づいているようです。

私たちがウィルス監視社会を回避するために、本書の冒頭に引用したP・F ドラッカーの言葉、

「自立した組織をして高度の成果をあげさせることが、自由と尊厳を守る唯一の方法である。その組織に成果をあげさせるものがマネジメントであり、マネジメントの力である。成果をあげる責任あるマネジメントこそ全体主義に代わるものであり、われわれを全体主義から守る唯一の手だてである。」

を胸に刻むべきだと私は考えています。

それは、英雄的な個人の頑張りや、一人ひとりの心がけなどとは別次元の行動原理であり、感動的な逸話やニュース・バリューとは無縁です。恐怖に対する本能的な反射行動を制御し、リスクのマネジメントに置き換えていく、一見地味で、難しい行動を選択していく必要があるのです。

6　受容すべきリスク

私は、受容すべき「リスク」はたくさんあると考えています。リスクテイクという言い方がありますが、それは「仕方なく」ではなく、「積極的に」選択するべきリスクです。低減、回避の対象としての「リスク」と区別するために、これを「ボラティリティ」と呼びましょう。「ボラティリティ（volatility）」とは、ファイナンスの世界では価格変動率を指します。

つまり、ボラティリティが大きいとは、変動の幅が大きくて、上にも下にも変動する可能性が高いということです。一言で「リスクが大きい」と言って片付けられている事柄の中には、正確にはボラティリティが大きいという場合がたくさんあります。

失敗したらすっからかんになるけれども、成功すれば大きなイノベーションの可能性がある。これが、ボラティリティが大きいということです。そしてセーフティネットは、リスクを小さくするためではなく、ボラティリティの下振れを補償するために設置するべきで、「自己責任」の意味もよく考えるべきです。

図4：マインドのチェンジ

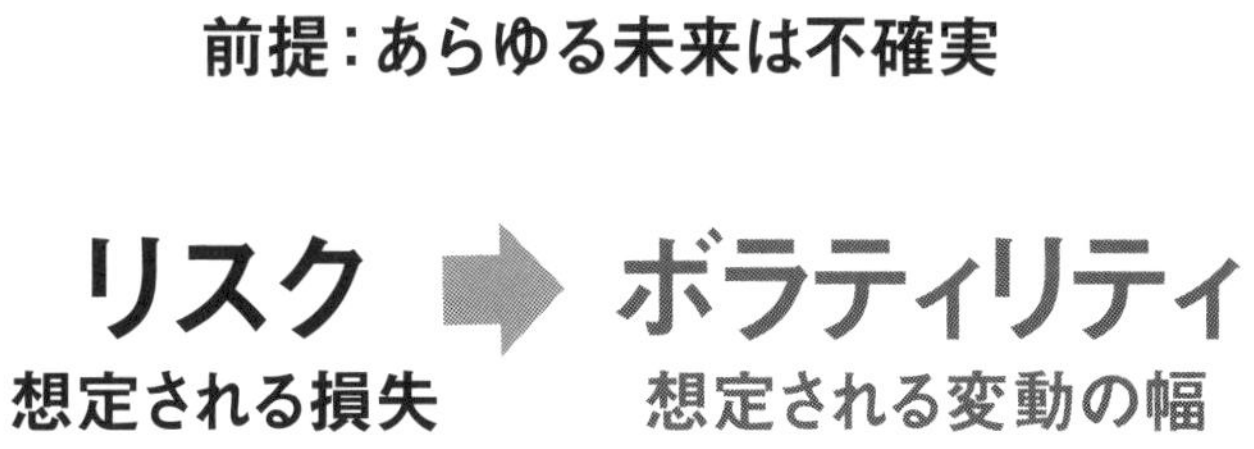

「事故を起こして迷惑をかけやがって。危険な行為は禁止するべきだ」というような正論であっても、許容すべきリスクの議論は必要です。では何を基盤に議論すれば良いのでしょうか。

私は、それが「文化」の役割だと考えます。何を許容し、どこに向かい、何に挑戦するのか。文化とは「リスク」を冒すに値する価値の体系であるとも言えます。少なくとも、何か昔の良いものを残しておくという類のものではありません。

旅行を考えてみてください。リスク回避の旅行は味気ないものです。旅行の醍醐味は、「思わぬ出会い」と「がっかり」が詰まったボラティリティの最大化にあるのですから。

求む隊員。
至難の旅。
わずかな報酬。
極寒。
暗黒の日々。
絶えざる危険。
生還の保障はない。
成功の暁には名誉と賞賛を得る。

探検家のアーネスト・シャクルトン卿が1914年に南極探検隊員募集のために、ロンドンの新聞に出したといわれている非常に有名な広告です。ビジネスの現場でも、新規事業立上げメンバーを社内で募る際に引用している事例を聞いたことがあります。

私が講師を務める大手企業の中堅社員向けマネジメント研修で、「あなたのアイデアの実現に挑戦してはどうですか」と水を向けると「難しいです」という答が返ってくることがたくさんあります。そこで、「失敗しても生命までは取られないでしょ?」とお話すると、皆さん「あっ」という顔をされます（主体的な「挑戦」とは別次元の事象である過労死などは別です）。どんな挑戦も、シャクルトンの南極大陸よりは割が良いものばかりなのに、しり込みしていてはもったいないなと思うのです。

大英帝国の発展の原動力の1つが未知の世界への探検の精神でした。ですからイギリスでは今でも「探検」を口先だけでなく尊重し奨励する精神が息付いています。翻って日本では、親は子供の、学校は生徒の、企業は社員の、政府は国民の探検や冒険への精神を「身勝手な迷惑行為」「心配させる恩知らずな行為」「禁止すべき危険行為」として抑制する傾向が強いように見えます。管理責任などという言い方もありますが、この「管理」はマネジメントではなくマネジメントの放棄です。

ビジネスにおいても、スポーツにおいてもチャレンジとアドベンチャーを支援し、成功を祝いあう社会と文化を育てることが、一人ひとりの実り豊かな人生と、明日の日本を築いていくことになるのだと私は確信しています。

図5：リスクに関する誤った受容概念

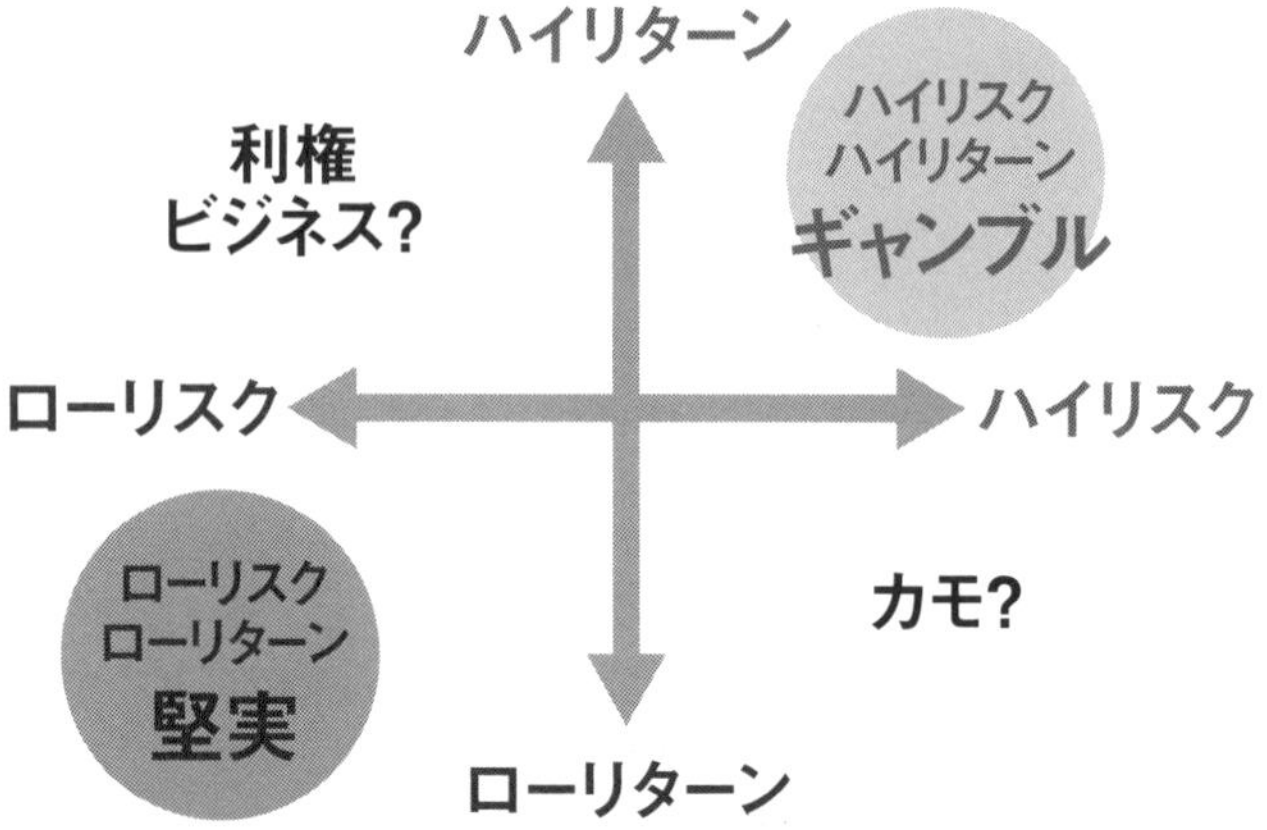

リスクに関する誤った受容概念

ハイリスク・ハイリターンという言い方がよく使われる。その逆としてローリスク・ローリターンなどとも言う。ハイリスク・ハイリターンはギャンブルでありローリスク・ローリターンは良くも悪くも堅実な行動原理だと考えられている。ローリスク・ハイリターンな仕事はおいしい仕事だし、ハイリスク・ローリターンな行動は誰かのカモになっている。しかし、ハイリスク・ローリターンでも必要とされる行動はたくさんあるし、ローリスク・ハイリターンな仕事のみを狙い続ければ良いというわけでもない。このような分類は行動の指針とするには不十分なのだ。

図6：マインドのチェンジ

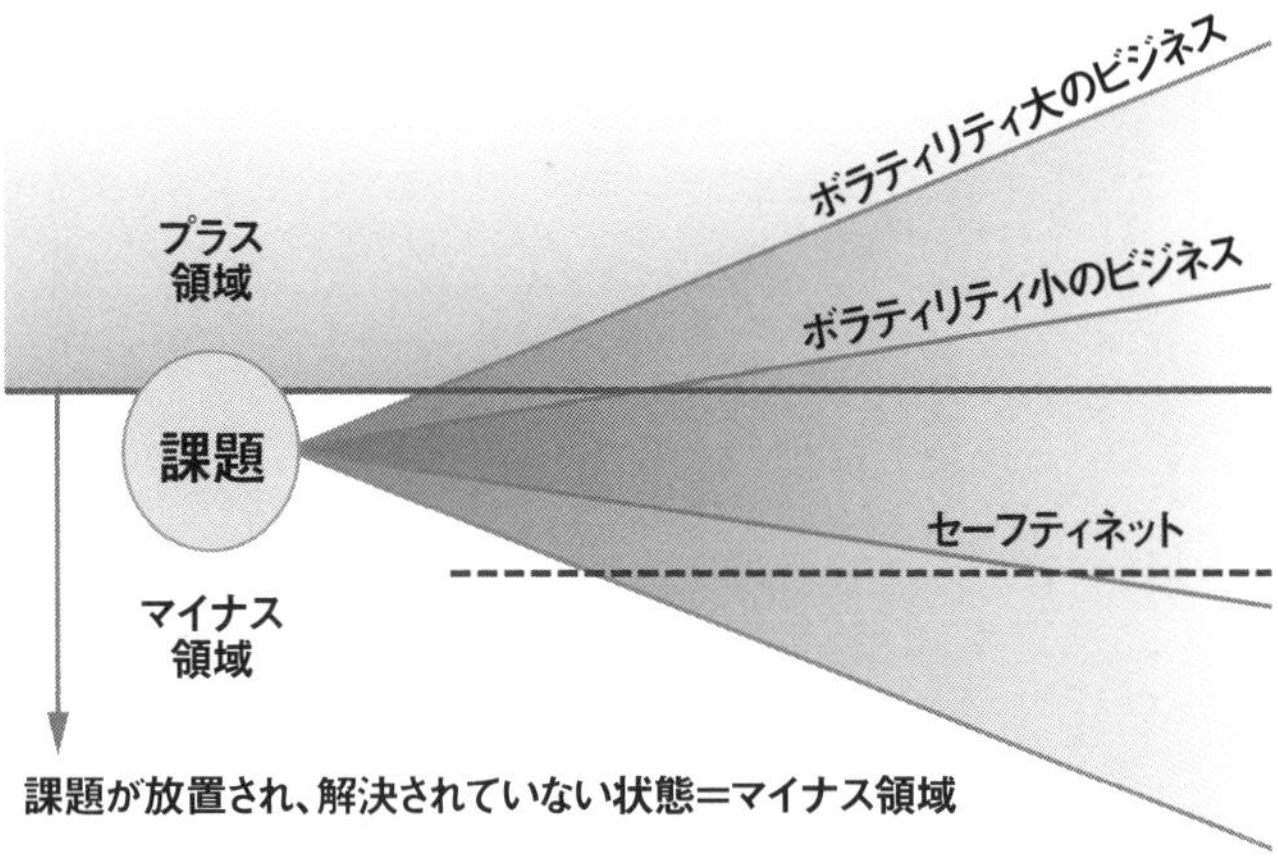

マインドのチェンジ

社会課題とは、何らかの事柄が、期待される姿に対しマイナス領域にあるという状態である。振れ幅の大きな（ボラティリティの大きな）試みは課題をより良く解決できる可能性がある。下振れに対するセーフティネットを考えつつボラティリティの大きなチャレンジをしていかなければ、持続的な成長はかなわない。

7　「環境」問題と環境のゆくえ

「環境」について論じる時、いつも思い出す出来事があります。ある建築家の講演会に参加した時のことです。自作を紹介するにあたり、見るだけでなく見られる仕掛けにより「環境」に取り組んだ作品と、既存の樹木をできるだけ残して「環境」に配慮した作品を紹介し、「環境」へ取り組みを重視していると説明しました。

講演後の質疑で私は、「同じ環境という単語を使っているが、ある時はenvironment（広い意味での環境全般）、ある時はecology（自然生態系）の意味で用いられている。これらを共通の概念による取り組みと説明するには無理があるのではないか。共通性があるとしたらどこなのか説明してほしい」と、質問しました。この問いに対する答えは、「それはここで答えるには難しい質問です」というもので、あいまいに終わってしまいました。

この時以降、「環境」という言葉が、ある時は相手を攻撃する道具として、またある時は自己弁護の道具として、実に都合よく意味をずらされながら自分勝手に使われていることに気づくようになりました。

前述の講演会の数年前、１９９７年に京都で第3回気候変動枠組条約締約国会議（地球温暖化防止京都会議、俗にいうＣＯＰ３）が開催され、気候変動に関する国際連合枠組条約の京都議定書が採択されました。当時、私は勤務地が神戸であり地理的に近いことから、連日、推移に注視していました。ジャーナリストでも環境団体所属でもないため、会場に立ち入ることはできませんでしたが、会場内での仕事をしている知人から雰囲気と様子をリアルタイムで聞くことができました。

会場となった京都国際会議場は、名建築ではありますがいかにも古く、世界から集まった多くの参加者を収容するにはキャパシティ・オーバーな状況で、会議場内のカフェテリアは大混雑となりました。そして、会議を主導したヨーロッパからの参加者の多くは、先に席を確保すると食事が終わっても議論を始めたり作業を始めたりして、席待ちの長蛇の列を尻目に席とテーブルを独占し譲る気配もなかったそうです。当時の私には、キャパシティ・オーバーなカフェテリアでの出来事が、キャパシティ・オーバーな地球とそこに住む人間の姿にオーバーラップして感じられました。彼らはルール違反をしているわけではなく、優遇を受けたわけでもありません。自らの機転によって必要な環境を確保したということなのでしょう。そこには心からの譲り合いはありません。限られた資源の配分における、権利の正統性の正体を見た思いでした。

私は、これらの経験から「環境」という言葉も概念も、科学的である以前にきわめて人間的、政治的なものであることを認識するようになりました。その思いを深く掘り下げるきっかけとなったのが、フェリックス・ガタリ著による「3つのエコロジー」（1991年 原題Les Trois Ecologies）という本です。フェリックス・ガタリは1980年代後半から90年代前半くらいまでのニューアカデミズム世代にはおなじみのフランス人哲学者です。（肩書は精神科分析家としているようですが、著述のフィールドから哲学者と呼んでも良いと思います）「3つのエコロジー」では、「環境エコロジー」、「(社会的諸関係に関わる) 社会的エコロジー」、「(人間的主観性に関わる) 精神的エコロジー」の3つのエコロジー的な作用領域があり、（ガタリはそれに、エコロジーとフィロソフィーを掛け合わせ「エコゾフィー」と命名しています）、それらの倫理、政治的な結合だけが、科学技術による地球の激烈な変容の問題にそれ相応の照明を当てることができる、と述べています。

ガタリは、ＣＯＰ３より前の１９９２年に死去していて、「３つのエコロジー」の内容も１９８９年の講演会原稿をもとにしているので、私が「環境」を意識するよりもかなり前に、「環境」についての私の疑問に答えを出していたことになります。

「自然・地球環境」の問題は科学的な現実であり政治的に扱うべきではないという主張がありま す。明快で強さのある主張ですが、それ自体に政治的な性質が結びついています。社会の人間関係や社会的構造に関する社会的エコロジーは環境エコロジーと無関係ではありませんが混同しては解決の道は遠ざかります（既得権者保護のために「環境問題」を「利用」するなど）。ＳＮＳやＷｅｂニュースによる主観形成がもたらす新しい精神的エコロジーの健全性を担保してゆく方策について意識的になる必要が出てきます。

２０２０年以降、台風などの異常気象をはじめとする環境の問題に直面する場面から、日本全体として逃れることができなくなってくることでしょう。その時、環境問題とは、ガタリが主張するように「３つのエコロジー」の倫理、政治的な節合により解きほぐされるものである、と明確に位置付けていく必要があるのです。

図7：3つのエコロジー
（フェリックス・ガタリによる議論をもとに著者が模式化）

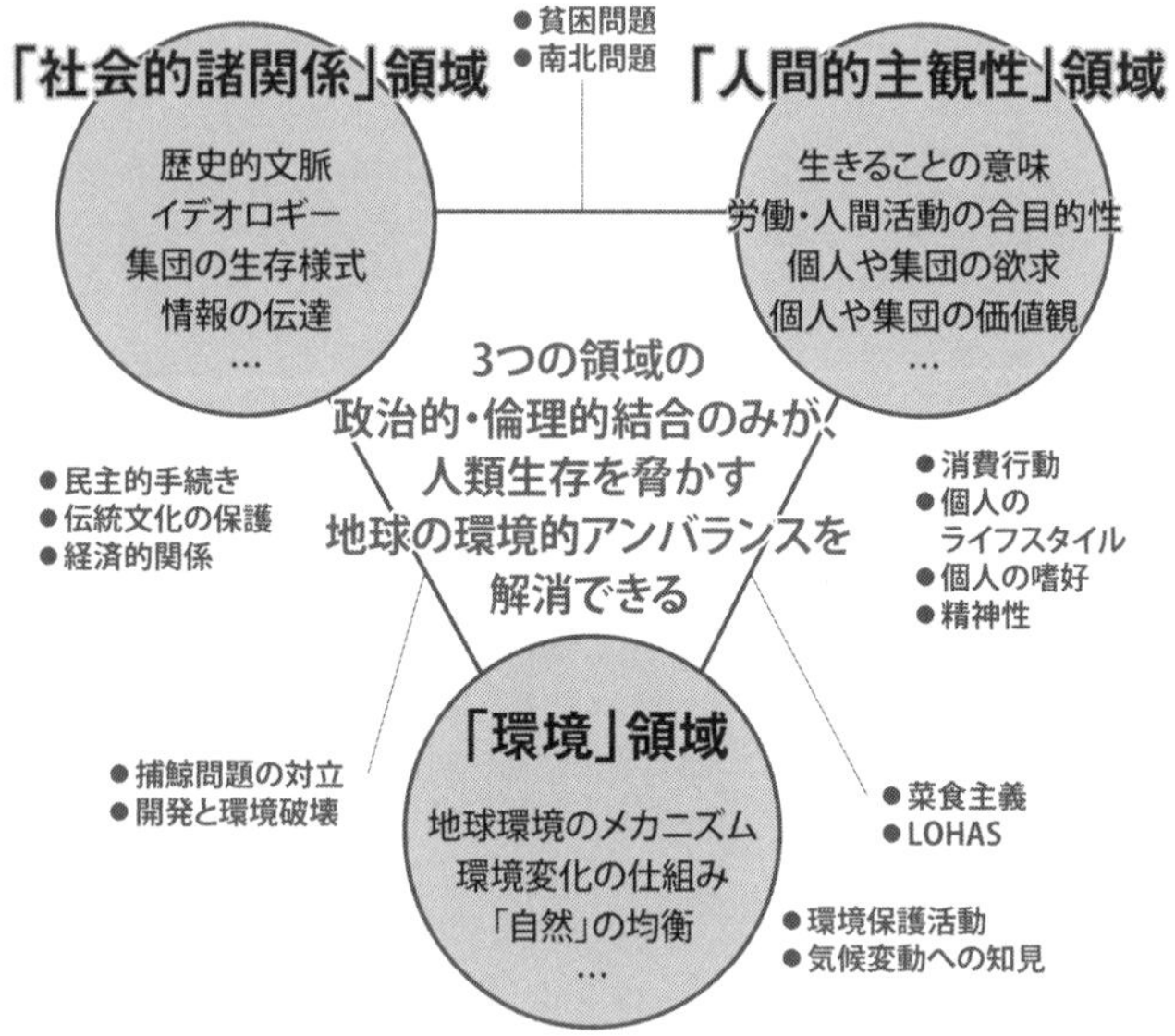

ガタリの3つのエコロジー

ガタリは3つのエコロジーを直接的に定義していない。著作をもとに多少強引になるが著者が整理した。「環境」を最優先の価値に置く「環境活動」が問題を解決できないのは、環境と人間の問題はセットでなければ解決できないためであることがわかる。

8　匿名への情熱

華々しく業務実績が評価される現場や営業などのライン部門に対し、補佐的と考えられる総務、経理、人事、財務、専門技術部門などのスタッフ部門の担当者は、何を仕事におけるモティベーションとすれば良いのでしょうか。偏見かもしれませんが、スタッフ部門の担当者には、穏やかで処遇に不平を漏らさないタイプの人が多く、評価やモティベーションの問題が表面化しないだけのように感じられます。それで良いのでしょうか。

仕事には2種類あります。指示や命令、発注と検収によってコスト、スケジュール、品質を管理できる仕事と、管理できない仕事です。前者は、ルーティン・ワークや定型的作業などとも呼ばれます。後者には新事業の創出や課題発見などが当てはまるでしょう。この2つの間には明快な差がありますが、外見上は区別がつきにくい場合がかなりあります。

例えば、営業活動の場合、「今月中に100件廻る」ことを目標とすれば前者になりますが、「新分野の顧客を開拓する」ことを目標とすれば、後者になります。しかし、上司や発注者は、「新分野の顧客を開拓する」では進捗を管理できないため、「新分野の顧客を開拓する」ことを目的として、とりあえず「今月中に100件廻る」定型作業に代用的に置き換えて指示します。もしあなたが部長や課長などのミドルマネジメントを担う立場だったとして、社長から「新分野の顧客を開拓する」ことをミッションとして命令された場合、部下にはどのような指示を出すでしょうか。

「手分けをして新分野の顧客を開拓してくるように」指示を出せば、あとは部下の責任なので当面は心安らかになれるでしょう。しかし、優秀な部下がいれば問題解決ですがそうでない場合は、「指示したことがまだできてないのか！」と叱責を強める以外にあなたにできることはありません。ブラックな職場の誕生です。

他方で、全員「今月中に100件廻る」ことを指示した場合はどうでしょうか。「いつまでこんなことをさせるのですか」と不満をぶつける部下からの報告を睨みながら、眠れない日々を過ごすことになるかもしれません。この場合、あなたが成果への責任を一手に引き受けることで、部下たちは守られているのですが、部下からは無能な上司に見えるでしょう。無能な上司の下にはいたくないなどと陰口をたたかれる有り様です。

実際の現場では、売上や利益などの「成果の管理」によって、こうした問題をある程度回避することが多いようです。「新分野の顧客を開拓する」ことで、売上が伸びれば、そのことを評価するという具合です。さて、冒頭に挙げた2つの仕事の類型のうち、定型的作業ではない業務に対して、P・F ドラッカーは、イノベーションとマーケティングと定義し、2つを合わせて「顧客の創造」と名付けました。「成果の管理」の目的は、もちろん経営指標としての当期利益の獲得が直接の目的ですが、「顧客の創造」へのモティベーションを担当者に内面化し、長期的な成長への原動力を生み出すことにも貢献します。

さて、コロナ禍によるステイ・ホームの流れは、総務、人事、財務などの「本社」機能の重要性を改めてクローズアップしました。ライン部門の売上を上げる「プロフィット・センター」、現場を支援するスタッフ部門を「コスト・センター」と呼ぶことがありますが、「プロフィット・センター」がカネを稼ぎ、「コスト・センター」はそれを使うだけ、というフレームワークの偏りが是正される良い機会となりました。「プロフィット・センター」であるライン部門は戦術的に（短期的、個別の局面で）利益を上げ、「コスト・センター」と呼ばれるスタッフ部門にはライン部門を支援しつつ戦略的に（長期的、全体的視野で）利益を上げ続けられる環境を作るという役割があり、この2つの働きで「利益」を上げ続けることができるのです。

この2つは役割が違うため、求められる能力も異なるのですが、バブル崩壊後の「リストラ」で、このスタッフ部門の削減を推し進めた会社が多くありました。今日、明日に差し迫った命をつなぐために、10年後はとりあえず置いておくという考え方ですが、「頭脳」の棄損による企業統治の弱体化と戦略立案能力の低下という後遺症は未だに尾を引いているのではないでしょうか。


今日、デジタル化によりあらゆるヒト、モノ、コトがつながり、思いもよらないビジネスが生まれる状況に対応するためには、戦略的視点をつかさどる強力な「本社」機能を組織的に構築することは不可欠です。そのためには「コスト・センター」と呼ばれるスタッフ部門に対し、ルーティンワークを超えた独自の「顧客の創造」とイノベーションへの動機付けが必要です。

多くの企業で、経営幹部はスタッフ部門の必要性と有用性を十分に理解していることと思います。しかし、スタッフ部門の担当者は何をモティベーションとしてイノベーションを生み出せばよいのでしょうか。私の個人的な経験の中で、同僚の成果のために汗をかくことの意義についてさまざまな事例をあたり、見つけたのが、アメリカのホワイトハウスのスタッフのある

べき姿を目指す言葉として紹介されていた

「Passion For Anonymity（匿名への情熱）」

という言葉です。今日のホワイトハウスの基礎を作ったアメリカの政治学者、ルイス・ブラウンローの有名な言葉なのだそうです。

「強い本社」を実現するための、高い専門性と責任感を持って本社機能を担うプロフェッショナルなスタッフを育てるための行動指針がここにあります。そして、匿名のスタッフに敬意を払い、尊重する企業文化を育てることが求められています。

第2章　地域　都市と地方の関係、地方創生とは何か

1　都市と地方の豊かさの方程式

日本は今日、婚姻困難社会を迎えているのだそうです。２０１５年国勢調査では、生涯未婚率（50歳時点で結婚したことのない人の割合）は、男性は23・４％、女性は14・１％と過去最高を記録しました。さて、過去最高というからには、過去はどうだったのでしょう。参議院「立法と調査」２６０号「歴史的に見た日本の人口と家族」というお誂《あつら》え向きの資料があります。これによれば、江戸時代まで遡ると、確かに地方はほぼ皆婚だったようです。しかし一方で、江戸の住民の婚姻率は50％以下（男）でした。江戸の人口は武家（つまりサラリーマン）と町人がほぼ半数ずつを占めていたといわれ、町人の職業は日雇稼業、棒手振《ぼてふり》等の不定期就労者が多数を占めていました。「昔も今も江戸（東京）は独身者と非正規雇用が多い街だったのである」とこの資料はまとめています。

江戸時代は身分制度や政治的不平等など問題があったにせよ、鎖国経済を持続できるだけの、都市と地方の調和があったはずです。江戸好きの方々によって、ほのぼのとした理想の時代の都市として語られることも多い江戸ですが、実は、昔も今と変わらず独身者と非正規雇用が多い、モノの生産力が無く人口を吸収するだけの、消費主体の街であったと言えそうです。

さて、今日の「地方」の問題のゴールが「豊かさ」に置かれるということには、異論はないと思います。そして問題の原因も解決策もつまるところ人口の増減と結び付けられて考えられています。しかし、その実相は正しく捉えられているのでしょうか。そのような疑問から人口の増減と豊かさの関係を調べてみました。

人口については、手っ取り早くアクセスできる1884年と2010年のデータを使います。残念ながら1884年の人口データでは北海道が欠けていたので北海道抜きの分析です。豊かさについては、勤労世帯の可処分所得を代用特性として選びました。さて、2013年のデータになりますが、可処分所得の最も高い都府県は富山県です。1884年から2010年にかけて日本の人口は3800万人から1億2800万人に増加しました。その増加率は340%です。その間の富山県の人口増加率を見てみると156%しかありません。（図8）

図8：人口増加率——大と小のTOP10

人口増加率小

都道府県		人口 2010年	1884年	増加率	勤労者世帯の可処分所得：2013年（円/月）	グループ
1	愛媛県	1,431,493	1,511,820	95%	381,258	地方
2	島根県	717,397	678,813	106%	475,032	地方
3	徳島県	785,4914	651,109	121%	454,809	地方
4	新潟県	2,374,450	1,776,474	134%	440,117	地方
5	福井県	806,314	583,065	138%	476,525	地方
6	高知県	764,456	546,977	140%	453,675	地方
7	香川県	995,872	677,852	147%	506,740	地方
8	鳥取県	588,667	381,300	154%	401,143	地方
9	富山県	1,093,247	701,622	156%	522,883	地方
10	石川県	1,169,788	735,478	159%	470,916	地方

人口増加率大

10	沖縄県	1,392,818	364,701	382%	370,874	地方
9	静岡県	3,765,007	982,512	383%	484,177	地方近郊
8	兵庫県	5,588,133	1,448,199	386%	360,724	大都市
7	福岡県	5,071,968	1,1358,496	447%	406,356	大都市
6	大阪府	8,865,245	1,653,157	536%	418,955	大都市
5	愛知県	7,410,719	1,370,576、	541%	476,335	大都市
4	千葉県	6,216,289	1,113,651	558%	399,843	大都市
3	埼玉県	7,194,556	985,889	730%	487,245	大都市
2	東京都	12,064,101	1,217,542	991%	463,827	大都市
1	神奈川県	9,048,331	831,151	1089%	431,807	大都市

1884（明治17）年の乙種現住人口（つまり戸籍）と2010年の国勢調査、2013年の勤労者世帯の可処分所得（総務省統計局「地域別統計データベース」より。北海道は都道府県データとしては除外した。

そこで今度は、日本の都道府県を大都市都府県（政令指定都市を有する都府県）、都市近郊県（大都市都府県に隣接し強い一体感のある県）、地方県の3種類に分類し、人口増加率と今日の可処分所得額の相関を見てみましょう。すると、大都市都府県では人口増加率に伴い、緩やかに所得も高くなり、都市近郊県では人口増加率に伴い急激に所得が高くなる一方で、地方県は、人口増加率が高いほど所得が低いということがわかります。（図9）地方の豊かさ上位県が、この間の日本の人口増加に貢献していないはずはないでしょう。むしろこれらの県は、余剰人口を東京に送り出すことで生活水準を維持、向上してきたと考えられるのではないでしょうか。

ここからわかることは、日本の都市と地方とでは、理想とする人口の在り方、豊かさ実現の方程式は異なっていた、ということです。それは、江戸時代から昭和にかけて、全ての人に納得のいくものであったかどうかは別として、都市と地方との間には役割分担があり、うまくいっていたということでしょう。

図9：人口増加率と可処分所得額の関係

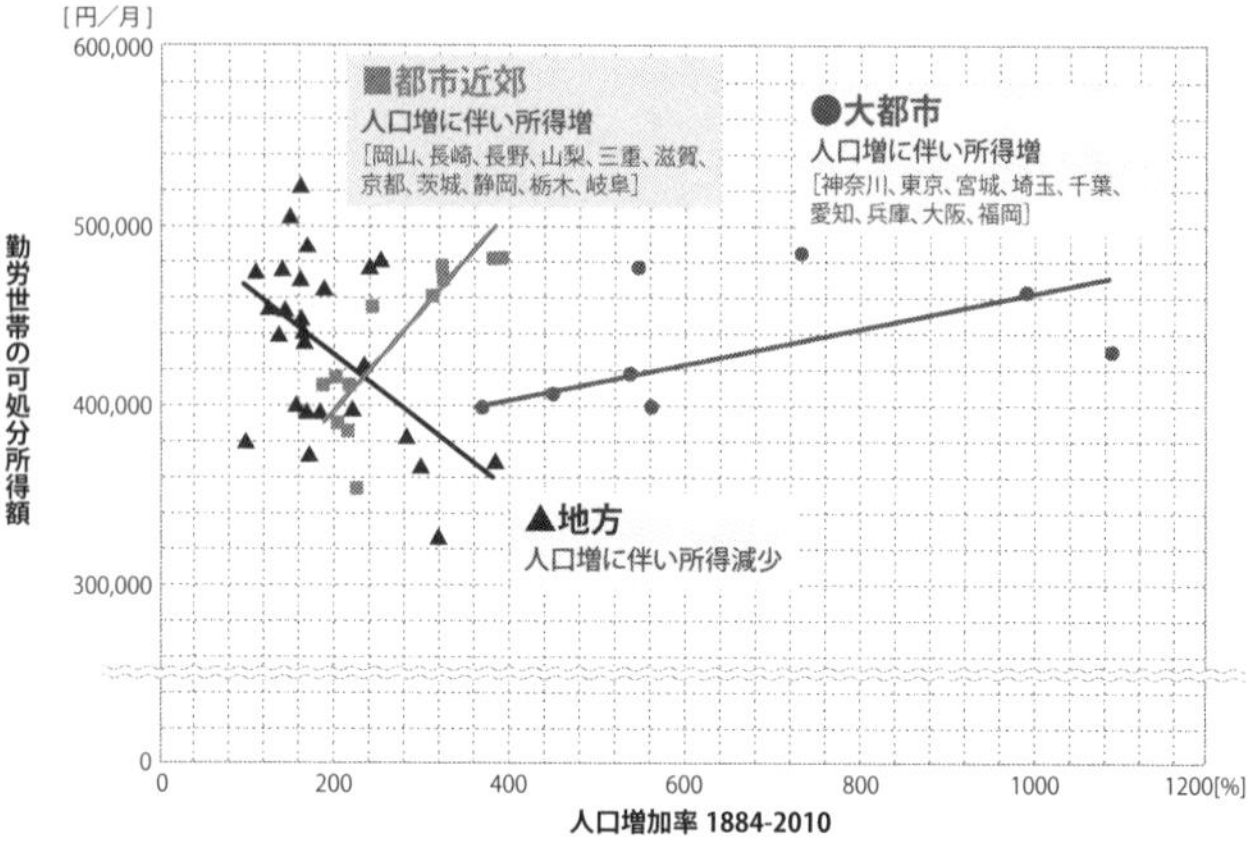

大都市、都市近郊、地方の３つにグルーピングして散布図を作成し、エクセルの機能を利用して近似線を引いた。R-2乗値は0.25から0.068であり、傾向の把握としてなら十分な結果が得られた。

さて今日、「地方で子育てしたい」という人はいますが、「都会で子育てしたい」とわざわざ言う人は少ないように思います。もっとも、都内だけで見れば、例えば、進学に有利な千代田区の中学校に通わせたいという家庭などを目にすることもありますが。全般的に見れば、都会で子育てをする人は、都市特有の社会サービス水準とのバーターで都会を選ぶか、縁や仕事の関係でそれしか選択肢の無い人たちと言ってよさそうです。繰り返しになりますが、今日の東京は江戸時代から驚くほど変わっていません。それは、「地方」から供給される「モノ」と「ヒト」を吸収し消費する都市の姿です。

しかし一方で「地方」は変わってしまったようです。そして驚くほど東京に似てきてしまいました。江戸時代では望まぬ結婚を強いられる慣習もあったでしょうし、今日の社会では結婚をリスクと捉える人の割合も増えているなど、さまざま状況の違いはあるかもしれませんが、「地方」の東京化とでも呼べる状況も、婚姻率低下の背景には隠れているのではないでしょうか。「地方」の東京化が、その地方にとって幸せなことなら問題はないのですが、今日の状況からは、とてもそうとは言えそうにありません。

もし、これまでのあいだ「地方」と「都市」が相互補完関係にあったのだとすると、地方消滅は都市消滅に結び付きます。「地方」の衰退というものがあるとすると、「地方」が変わってしまったことと同時に「都市」（ここでは東京と言っても良いでしょう）が変わらな過ぎたと言えるかもしれません。「地方を守り、東京を変える」ことが私たちに求められているのだと思います。

2　都市の力と地方の宝

「都市間競争の時代が始まった」。私が学生だった1980年代、都市環境の授業で確かにそう教えられました。そこでの「絵になる都市」が勝ち残る時代という予言はその後、その通りになりました。しかし2000年代以降の状況を振り返ってみると、都市間競争という枠組みは瞬く間に乗り越えられてしまっていたようです。20世紀の都市間競争という概念には、国境や国民国家単位での金融やテクノロジー、先端技術のパワーや、産業分野ごとの市場の枠組みが無意識に組み込まれていました。今日の、リアルな観光やスポーツにまで広がっている国際間競争の実像は、あらゆる境界を超える広がりと流動的なダイナミズムを伴っており、都市間競争という点と点の関係では捉えきれません。とはいえ、基本単位としての「都市」の競争力の問題は、相変わらず重要な問題です。

競争に強い「都市」の在り方について考える時、シンガポールは良いベンチマークです。「都市」というスケールに制約された生産力、付加価値、魅力、仕組みが、どれくらいの社会的、経済的成長のポテンシャルを備えているかについてのモデルとなるからです。

２０００年代初め、シンガポールを訪れた時、紙幣に採用された図柄を見て驚いた記憶があります。今日では世界的に現金を使う機会はほとんど無くなりつつあり、紙幣そのものの政治的な意味は低下しつつあるかもしれませんが、私は、紙幣デザインにはその国の中核的な価値観や長期的なビジョンが反映されていると思っています。例えば日本が2千円札を発行した時、裏面に源氏物語絵巻の鈴虫の巻が採用され、その意図を巡って話題になったことも記憶にあるかと思います。さて、ご存知の方も多いとは思いますが、１９９９年から発行されているシンガポール・ドル紙幣の裏面の図柄には、テーマが設定されています。

私が驚いたのはそのテーマについてです。2ドル紙幣が「教育」、5ドル紙幣が「ガーデンシティ」、10ドル紙幣は何と「スポーツ」、50ドル紙幣は「アート」、百ドル紙幣は「青年」です。私は見たことがないのですが1千ドル紙幣は「政府」、1万ドル！　紙幣は「科学」なのだそうです。20年近く前にこれらの紙幣を見た時、日本はシンガポールには「勝てないな」と感じました。通貨は国家の価値の体現です。日本では最近になってようやく当たり前のこととして認知されるようになった「教育」「スポーツ」「アート」などの国家ビジョンを、シンガポールは20年以上前から先取りし表明していたのです。

日本から見たシンガポールは、都市間競争において、紛れもなく東京のライバルです。では、シンガポールから東京はどのように見えるのでしょうか。それについてシンガポール政府の方と直接お話したことはないのですが、かつて、仕事を通してそれを窺わせるエピソードにはいくつか出会いました。

シンガポールは1967年の独立以来に国策として「ガーデンシティ」を掲げシンガポールらしい都市景観の創出に取り組んできたにも関わらず、リピーターが圧倒的に少ないことに悩んでいると聞きました。さまざまなアクティビティやコンテンツを開発するのですが、どれも歴史と地域性の裏打ちが無く、1回の訪問で満足されてしまうのだそうです。

単体での都市経営という観点の比較では、東京に対しシンガポールは圧倒的に高い効率性と戦略性を備えていると思います。近年の、築地市場の再開発や新国立競技場を巡る意思決定のゴタゴタが東京の都市経営のパフォーマンスをどれだけ損なったかが思い起こされます。もちろん、シンガポールのような都市経営が東京にとって理想的かといえば、受け入れがたい面もあるかと思います。

しかし私が言いたいことは、シンガポールが生き残りをかけて都市経営のパフォーマンスを追求しているにも関わらず、非効率に見える東京を、なかなか突き放すことができていないということです。私が知るシンガポールの関係者は、東京の背後に「地方」があるという、アドバンテージがその要因だと考えていました。かつてシンガポールで現地の方に「あなたが考えるシンガポールのドメスティックな魅力を教えてください」と質問した時の「シンガポールはコスモポリタンな都市なので、シンガポールの魅力は世界中の良いものが集まっていることが魅力です」と答えられた方の伏し目がちな表情は忘れられません。

東京は、東京だけの力で世界の都市間競争を戦えているわけではないということを私たちは認識すべきです。背後に東京の魅力を生み出す「地方」がある、それが東京の強みです。ですから、東京は世界で勝ち残っていくためにも、アドバンテージとしての「地方」という後背地を維持、存続させ、その費用を負担してゆくべきなのです。かつて流行った地方消滅論や、やる気のある地方だけが生き残るなどという地域間の相互作用を考慮に入れない議論などもってのほかです。また、「地方」の維持・存続が、経済、産業、文化的に東京と同じ価値観で活性化するような方策では意味がありません。東京のグローバルなアドバンテージには全く寄与しないのです。都市とは違う価値観にもとづいた「地方」の存続のためには、雇用や人口動態とは別の評価軸にもとづく在り方を追求する必要があります。

私はその評価軸には、シンガポール・ドルのテーマにはおそらくなりえない「歴史」、「自然環境」、「今日の人の営み」の3つのテーマがふさわしいと考えています。

ここでいう「歴史」とは名所旧跡を整備するというのではなく、今につながる物語を知らせるということです。はく製のような保存のためだけの歴史的建築物が仕方なく資料館などとして使われているよりも、多少の改変はあっても収益施設として活用されている施設の方が、場所の歴史を伝える力を持っています。「自然環境」については、資産として価値を管理してゆく必要があります。醜悪な安全対策や標識、手すりなどの設置が損なった価値を算出してみてはどうでしょうか。そして「今日の人の営み」こそ、最大の財産です。日本における各地方の地域住民の気風や暮らしぶりは、まだまだ驚くほどの多様性を秘めています。

「地方」の存続は「東京」の存続にもつながり、日本の国家戦略にもつながる課題と捉え、東京からも積極的に支援してゆくべきではないでしょうか。

3　ヤマに生まれ、ヤマに死ぬ

建築系のコンサルタントとしての私の仕事は、外から見れば「建物」を建設するお手伝いです。しかしその本質は「建物」ではなく「営みづくり」にあると、私は確信していますし、私が勤める山下ＰＭＣのポリシーにもなっています。現在、山梨県の東京に近い外れに位置する丹波山村《たばやま》で、「地方創生」をお手伝いしながら「営み」における「目指す姿」とは一体何なのか、考え続けています。

丹波山村という村名はかなり古いものなのですが少し不思議です。多摩川の源流である丹波《たば》川の流域に位置し、最も大きな集落の名前が丹波《たば》です。丹波山という山があるわけではありません。それでも村名が「丹波山」村になった理由は、丹波の「ヤマ」を中心とした村だからなのだと思っています。

さて、平地が少なく冷涼な丹波山村では稲作をしていません。そのため水利権という考え方もなく、村内の関係はかなりフラットで、いわゆる庄屋と呼ばれる「イエ」もありません。炭焼き、こんにゃく栽培、キノコ栽培、狩猟など、長年にわたり換金性の変化に応じて山仕事の内容を変化させながら「ヤマ」の恵みで生きてきました。毎月17日は「山の神」の日です。この日はヤマ仕事の仲間が三々五々集まり、神棚に供えたお神酒を回し飲みし、その月の「ヤマ」での仕事を振り返ります。神事をからめて宴会をしながら反省会をすることで、円滑に日常の問題点を出し合い解決する仕組みが長年続いています。

昨今の異常気象の常態化の流れにより、日本全体で防災計画の想定レベルの更新が求められています。しかし、村の主要アクセス経路は、国道である青梅街道が連続雨量が80㎜を超えると通行規制がかかり村への出入りができなくなるなど、かなり脆弱な状況です。平成26年豪雪の際は、丹波山村は8日間孤立したそうです。

何人かの住民に当時のことを質問したところ、「そういえば、そんなことがあったかな」という反応でした。村役場で非常食の備蓄をしているのですが、ほとんど消費されなかったそうです。不思議に思っていると、役場の方が教えてくれました。「そもそも村にはコンビニもないし、買い物といえば週に1回、まとめて買ってくるし、どの家も自家栽培の作物や備蓄があるから」とのことでした。

避難施設など、村の防災上の「ハード」は決して十分ではありません。しかしこのエピソードから窺えるのは、各世帯の災害時自立性の高さです。村の財政力指数は山梨県最下位ですが、村の真の姿は財政指標とは離れたところにあると言えそうです。

このような村の地方創生はどこに向かえば良いのでしょうか。少なくとも全国一律の同じ尺度での豊かさの追求はするべきではないと考えます。とはいえ、やはり変えるべきものは変えなければならないのでしょう。その上で何を残すべきなのか、自分が硬直した考えに捉われていないか、自問自答が必要です。地方の人間には、都会の人間の現実離れしたファンタジーに付き合う義理はありません。村は都合の良いテーマパークではないからです。

「ヤマに生まれ、ヤマに死ぬ」

山梨県のとある山村に暮らす村人の生涯を言い表したこの言葉に触れた時、村の「営み」の守るべきもののイメージが、初めて私の心の底に広がっていく感覚を覚えました。

家を1歩出たらそこから「ヤマ」であり、家に帰るまでを「ヤマ」と言うのだそうです。普通、「山」とは陸地において周囲より高くなった場所を指します。しかし同時に「山（さん）」は「産（さん）」に通じ、モノが生まれる場所、恵の場所でもあります。多くの山村においては「山（やま）」は生活の糧を得るための仕事場とイコールであり、生活の舞台なのです。先にあげた言葉からは、「ヤマ」で生き続けるという「営み」に対する覚悟を感じます。同時に、企業の雇用延長や人生100年時代のセカンドライフなどという概念が、いかに都会的なものであるのかを思い知らされます。

さて、この仕事を進めるにあたって、さまざまな人に相談に乗っていただくのですがその過程で、「地方創生」そのものに対して、「地域を助けて」とか、「地方が沈めば日本が沈む、頑張れ」という肯定的な反応から、「税金を浪費する詐欺師」、「実現できない幻想を振りまく罪作り」などのネガティブな反応まで、実に多様な受け止めがあることを実感しました。しかし、これらの反応には共通性があります。それは、どちらにしても「社会サービス維持のための人口確保」「雇用の創出」「収入の確保」などの全国一律の指標にもとづくゴール設定が前提になっていることです。村で接した人たちの顔を思い浮かべた時、私には大きな違和感しかありません。仮にこのゴールに到達できたとして、それが幸せなのか？　私の仕事のゴールはそれなのか？　そこにはヤマで暮らすということの覚悟への答えが不在なのです。

丹波山村に限らず、どこの地域であっても、何に価値があり、何を変えるべきなのかを知るためには、地域を知り、暮らしを知る必要があります。例えば観光で地域振興を図るにしても、愛着の無い、通り過ぎるだけの観光客を大量に呼ぶのではなく、本当に好きになってもらえる少数の客に丁寧に接する方が、旅行客にとっても地域にとっても幸せなはずです。

私は、丹波山村には「ヤマに生まれ、ヤマに死ぬ」営みが可能な集落であってほしいと願っています。それは都会のみでなく多くの村落で不可能になりつつある生活であり、そのような可能性の存在そのものが、これからの日本に不可欠な財産となっていくことを、村に通ううちに確信しました。

写真1、2　丹波山村の風景
鋭く切り込んだ谷沿いに広がる村。中心となる「宿（しゅく）」と呼ばれる集落周辺にはわずかな平地が広がるが（写真1）、隣の「保之瀬（ほうのせ）」と呼ばれる谷底の集落は、冬の1か月間、全く陽が差さない。（写真2）「道志・秋山・丹波・小菅」。山梨県内ではかつて、東部の集落を揶揄してこう呼び慣らしていた。丹波山村は、甲府から塩山を通り大菩薩峠の隣の柳沢峠を越えたところに位置する。山梨県側からは奥地の奥地に見えるが、東京側からは、青梅から車で奥多摩湖畔を通り1時間ほどで着く。中心から見れば辺縁だが、ネットワークに目を向ければ結節点であることが見えてくる。

写真1：丹波山村（宿とその周辺）

写真2：丹波山村（雪の保之瀬の風景）

4　理想の森林、理想の国土

日本の国土の67％（2505万ha）を占める森林を適切に維持管理してゆくことは、日本人全体にとってとても大切な課題です。しかし、「適切」とはどのようなものでしょうか。日本の国土のことでありながら、目指すべき「適切」な姿を私たちは描けていません。そして、多くの不安要素が目に付きます。今更という感じですがスギ花粉の問題もその1つですし、シカやサルなどによる野生生物被害の拡大も、森林の維持管理と密接に関係しています。現在のところ、個々の不具合への個別の対応に終始しているように見えますが、長い時間がかかる森林の育成に関する姿勢として、それは適切なのでしょうか。

日本では自然環境の問題に対して、失われた自然環境を元に戻すという意味で、過去に向かって時計をどれだけ巻き戻すか、という考え方でゴールを設定するケースが多くあります。自然生態系に対する働きかけを示す際、「保全」「再生」「復元」という言葉が使われることからわかるように、通常、生態系への働きかけとは、現状を維持するか、過去の自然環境への遡行を意味しています。例えば、ドブ川化した用水路を昭和30年頃の蛍が生息していた頃の環境に戻す、などの考え方です。安定した好ましい生態系を人為的な管理によらず維持していくために、その場所にふさわしい環境の初期条件を用意するビオトープなども同じ系列の思想であると言って良いでしょう。この手法は、全国各地で成果を挙げて、成熟した技術と言って良いレベルにあると思います。

しかし、森林についてはどうでしょうか。

現在（平成29年）、日本の森林の41％（1020万ha）が人工林です。そのうちの69％（704万ha）がスギ、ヒノキ林です。では、時計を巻き戻してみましょう。植林される前はどうだったのでしょうか。明治期の写真を見ると、日本中至る所に、木の生えていない、いわゆる禿山が広がっていたことがわかります。江戸時代から明治時代にかけて、日本の森林面積は今より大幅に少ない時代が続きました。一説によれば森林率29％（明治14年）（注1）、別の説では1670万ha（換算すると45％）（明治16年）（注2）とあり、いずれにしても現在の68％に遠く及びません。

図10：森林面積の推移

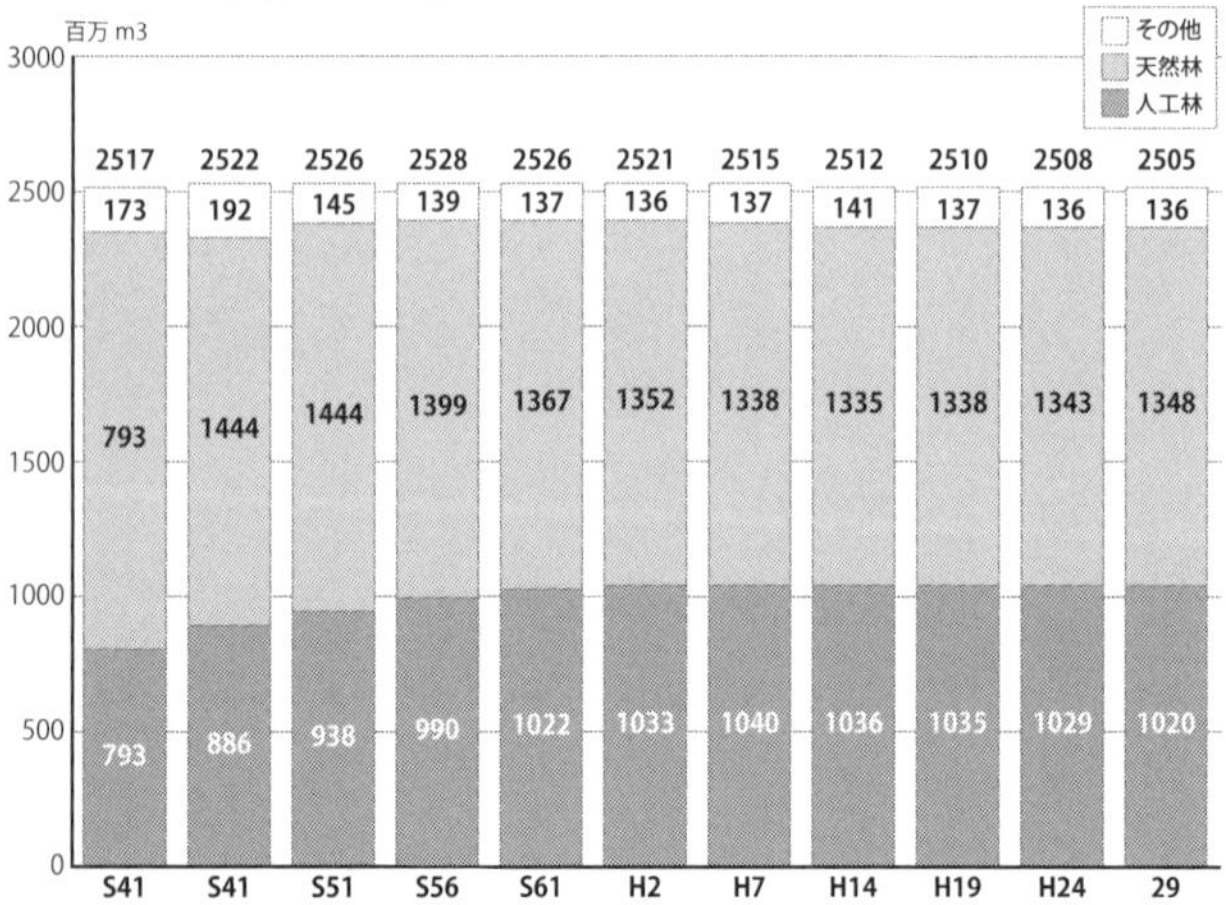
百万 m3
3000
2500
2000
1500
1000
500
0
その他
天然林
人工林
2517
2522
2526
2528
2526
2521
2515
2512
2510
2508
2505
173
192
145
139
137
136
137
141
137
136
136
793
1444
1444
1399
1367
1352
1338
1335
1338
1343
1348
793
886
938
990
1022
1033
1040
1036
1035
1029
1020
S41
S41
S51
S56
S61
H2
H7
H14
H19
H24
29

図11：森林蓄積の状況

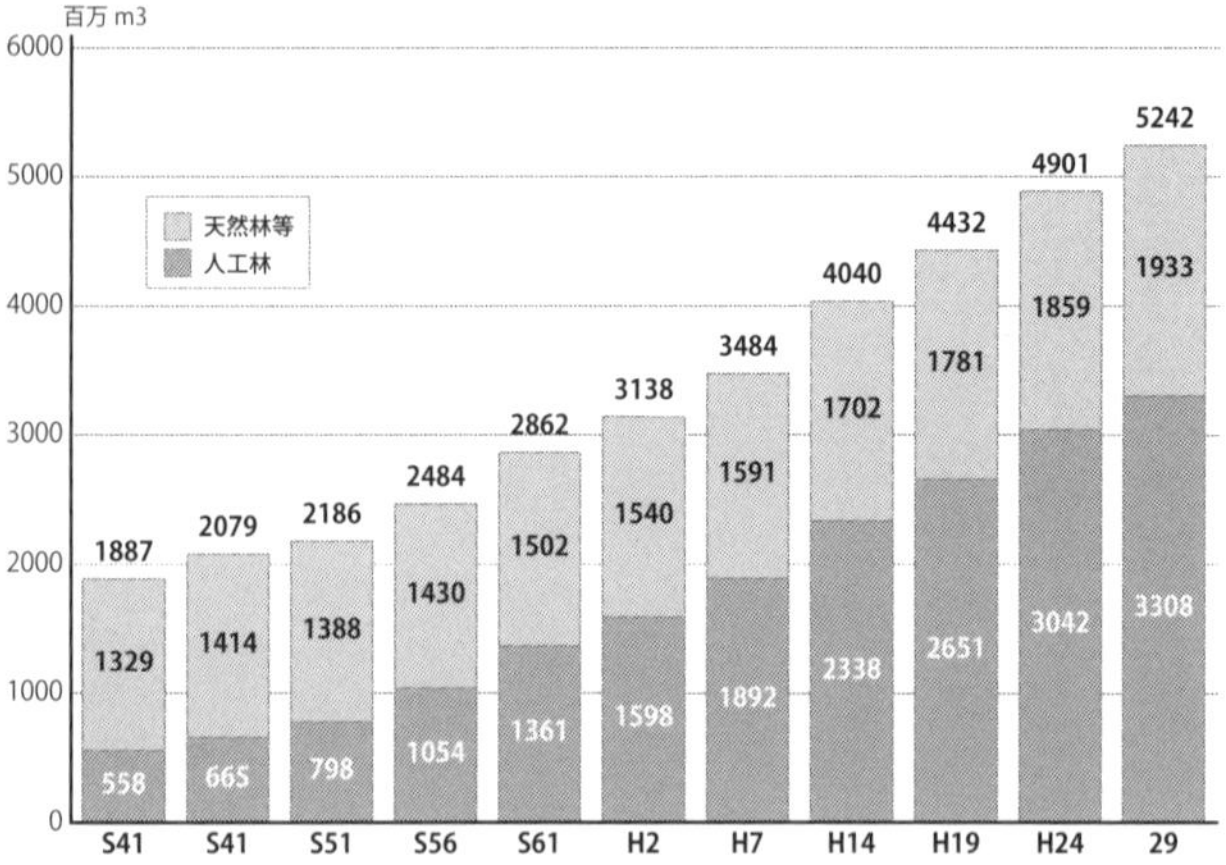
百万 m3
6000
5000
4000
3000
2000
1000
0
天然林等
人工林
1887
2079
2186
2484
2862
3138
3484
4040
4432
4901
5242
1329
1414
1388
1430
1502
1540
1591
1702
1781
1859
1933
558
665
798
1054
1361
1598
1892
2338
2651
3042
3308
S41
S41
S51
S56
S61
H2
H7
H14
H19
H24
29

図12：森林面積の推移

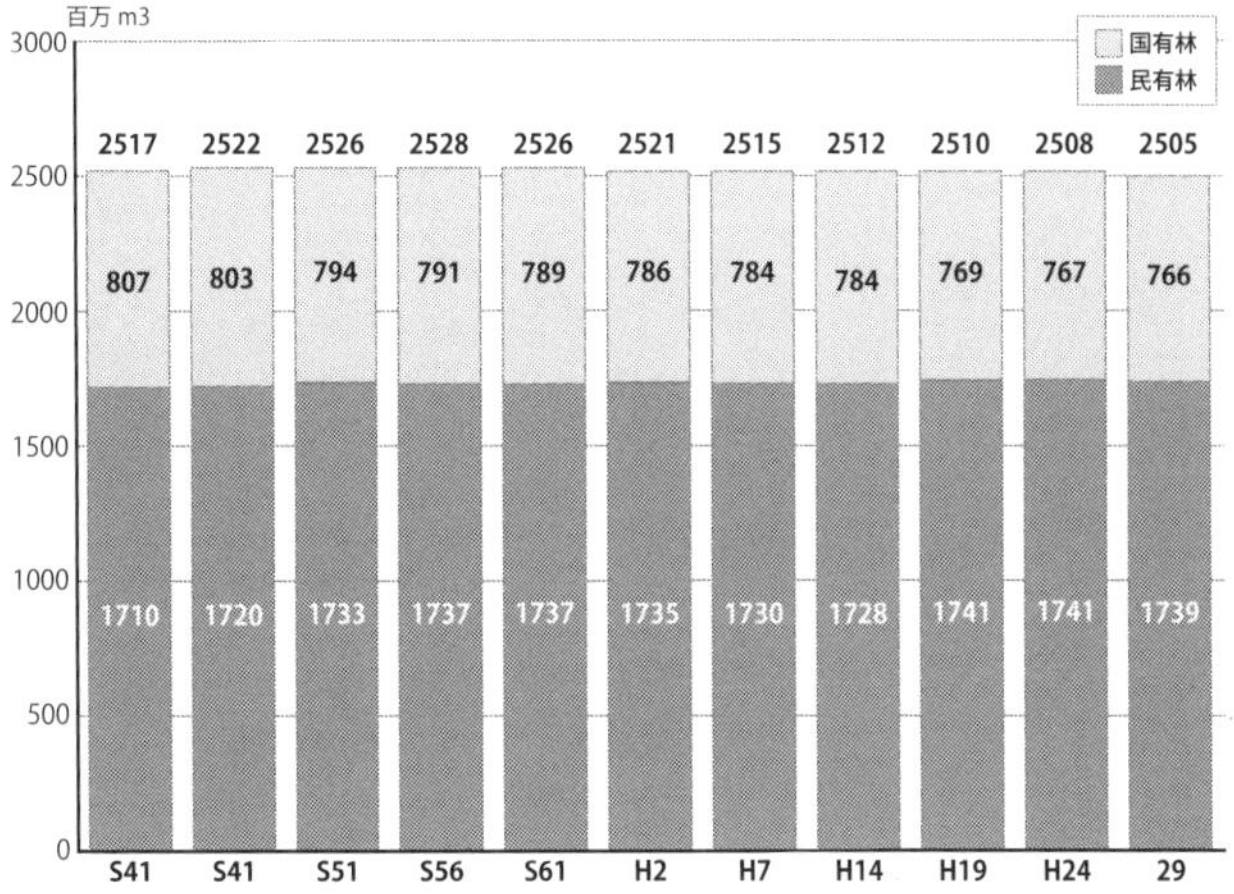

図13：森林蓄積の状況

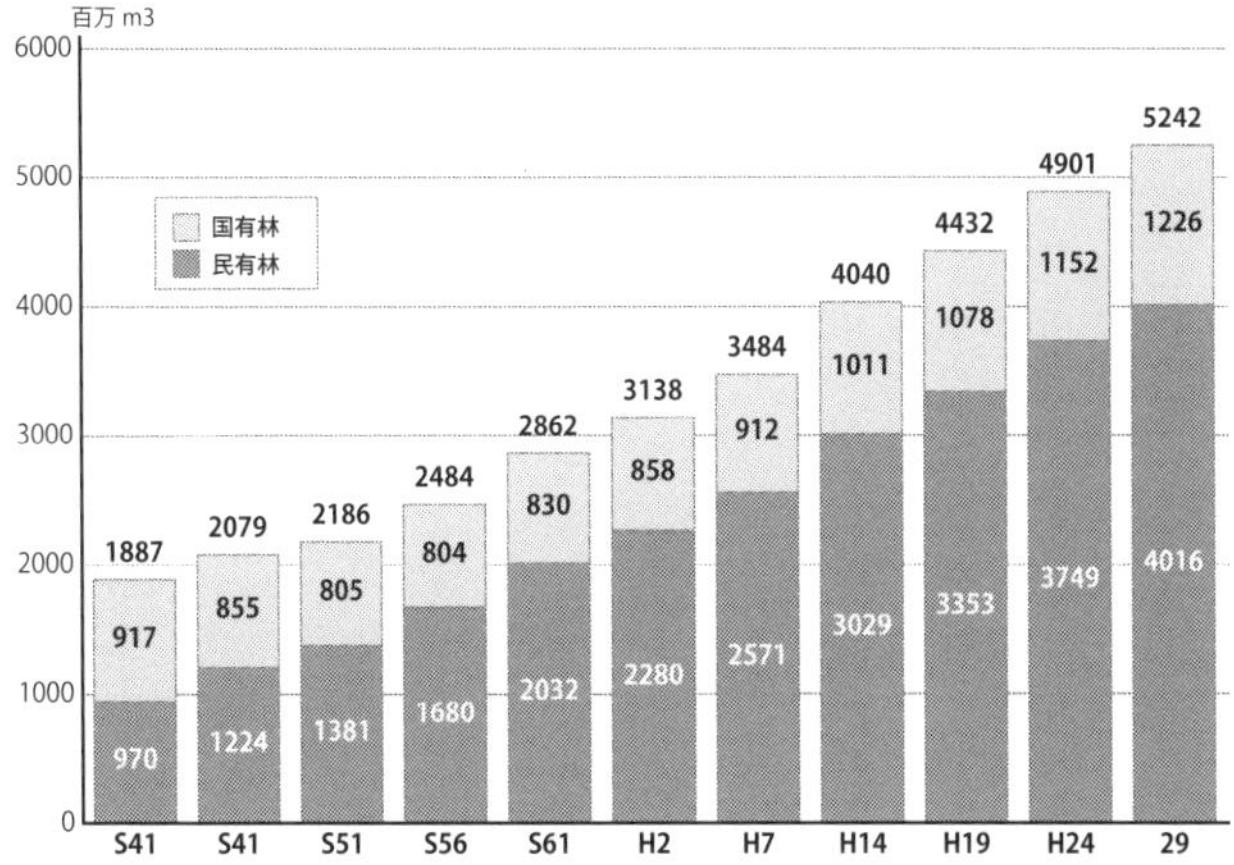

図10〜13：日本の森林蓄積の推移（1966—2017）（林野庁資料より）
昭和41年（1966）から平成29年（2017）の間に森林面積はほとんど変わっていない。しかし、森林蓄積は278%の増となっている。しかも人工林だけで見ると森林蓄積は593%の増となっている。このようなストックの質の変化が、国土に対して思わぬ影響を及ぼすであろうことは想像に難くない。

昭和20年から30年代、建材としてのスギ、ヒノキの需要が高まるとともに、エネルギー源、特に家庭燃料としての木炭や薪が、ガス、電気、灯油に置き換わる、燃料革命とも言える状況が生じます。この時、広葉樹を中心とした天然林を伐採しスギ、ヒノキを植林する拡大造林と呼ばれる動きが急速に進みます。現在の人工林の約4割にあたる400万haは、この時、天然林から置き換わった人工林です。今日、旅先などで私たちが目にする「自然」と思われる景観のかなりの部分は、明治期以降の人工的な景観であり、日本古来の風景ともかなり異なっています。

明治期以来私たち日本人は、森林を単なる資源庫と考え利用を進めてきました。当初は、炭焼きや薪の採取などの燃料としての利用と建材利用の2つが利用方法の大きな柱でしたが、50年前の燃料革命とともに、スギ、ヒノキを建材として利用するという方向に大きく舵が切られました。そして今日、私が注目するのは、台風などの大雨による流木の問題の拡大です。針葉樹は根が浅く保水能力が低い樹種です。全国のスギ、ヒノキ林で見ることができますが、間伐などの手入れが行き届かず密植状態が続く人工林では容易に表土が流出し根が浮き上がってしまいます。また、伐採の適齢期を過ぎた人工林では倒木が急激に増えているようです。そうした状態の山林が大雨による流木の原因の1つとなっているのではないでしょうか。

50年たった今、当時の目論見が明らかに外れたことが、問題の根底にあります。時計の巻き戻し手法は森林に関しては適用できないのです。また「手付かずの自然」という自然観が流布されていることにも再考の余地があります。こと森林における「手付かず」とは人間が「手を付ける価値がないと判断した」自然がほとんどです。基本的に森林は手を付けるべきものなのです。そして、手を付けていくにあたっては、従来からの木材資源庫としての視点を捨て、そこに暮らす野生生物や針葉樹以外の樹木、植生、そして木材以外の森林資源の活用などを含む生態系の視点で森林の維持管理を考える必要があります。日本の新しい自然観を構築し1020万haという広大な面積の生態系をマネジメントする新しいチャレンジが必要なのです。

森林を生態系として時間軸で捉えることで、美しく持続可能な人工林を実現させた成功例に明治神宮があります。江戸時代、荒れた畑に茶畑と雑木林が点在する一帯が、明治時代になって買い上げられ南豊嶋御料地となりました。明治天皇崩御ののち、そこに明治天皇を祀る神社の鎮守の杜として人工的に作られたのが明治神宮の杜で、1920年に完成したそうなのでほぼ100年が過ぎましたが、関東ローム層という土壌特性を考慮し、広葉樹を中心として複数の樹種を混合して植林するという、「保全」でも「再生」でも「復元」でもない手法で天然更新してゆく森が実現しています。鎮守の杜なので、森林資源を利活用する視点はありませんが、在るべき森の姿を描き、実現、維持管理してゆくプロセスから得るものがあると考えています。

目指すべき日本の国土の姿は、新たな自然観に裏打ちされた、目指すべき森林像を描くことなく語れません。

（注1）古島敏雄氏「日本林野制度の研究」（東京大学出版会1955）「明治14年山林局長桜井勉『日本之山林』では山林面積が全土地の二割九分として計上されている。この山林も大半が未開発林であると言えるから、幕末の林野が、肥料・飼料の採取と放牧地として、農民の手で管理使用された、連々として続く草山で占められていたことは疑う余地がない。」

（注2）明治16年（1883）の「大日本山林会報告第17号」
全国土地反別、山野が約1360万ha、森林が約1670万ha

5　日本の自然と風景

私たちは、自然の風景を見たり、肌で感じたりして美しさや心地良さを感じます。優れた風景写真に心を動かされたりもします。そして多くの人が同じように感じていることを知っています。この自然の景観に心を動かされる感受性はどのようにしてもたらされたのでしょうか。

関東圏に土地勘が無いとピンとこないかもしれませんが、「武蔵野」がどのあたりを指すか具体的に領域をイメージできる人は意外と少ないのではないでしょうか。武蔵野市という自治体がありますが、武蔵野のほんの一部という感じです。ＪＲ武蔵野線が山手線の外環状線であることから、山手線のだいぶ外側をイメージすれば良いように思います。なんとなく曖昧な武蔵野という地名ですが、いまだに使われている理由の1つに国木田独歩の随筆「武蔵野」の影響が挙げられると思います。

「武蔵野の俤（おもかげ）は今わずかに入間郡に残れり」と自分は文政年間にできた地図

で見たことがある。

独歩は武蔵野の冒頭でこう述べています。ここでいう「武蔵野の俤《おもかげ》」とは古くは万葉時代から古今和歌集、新古今和歌集など平安時代に盛んに詠われた、背の高いススキやカヤなどの草原が果てしなく続く原野のイメージを指しています。しかし今日の私たちの武蔵野のイメージはナラやケヤキの雑木林と田畑が続く風景ではないでしょうか。明治31年に出版された「武蔵野」は、江戸時代まで千年近く日本人の間で共有されてきた武蔵野のイメージを一夜にして上書きして書き換えました。

書き換えられたのは、武蔵野のイメージだけではありません。文政年間の地図の書き込みには、武蔵野の俤が（遠く外れた）入間郡にわずかに残った様を嘆く気分が感じられます。そこには、今日の私たちの憧憬ともなっているナラやケヤキの雑木林と田畑が続く風景への肯定はありません。文学や屏風絵などの題材にはならないということだと思います。しかし、独歩は「今の武蔵野」に美しさ、あるいは、「美といわんよりむしろ詩趣」を見出しました。つまり、独歩は自然の風景に対する伝統的な美意識も書き換えたのです。そしてその美意識について、「それだけ自分は今の武蔵野に趣味を感じている。たぶん同感の人もすくなからぬことと思う」と記されているところからも、独歩だけの独りよがりでは無いという感触を持っていたことが窺えます。

独歩の題材となった「今の武蔵野」は明治29年の秋の初めから翌春の初めまで住まった渋谷村での体験を中心に執筆されています。文学史では、独歩は、二葉亭四迷の翻訳によって日本に紹介されたツルゲーネフの「あいびき」の自然観察を媒介にして武蔵野の美を発見したとされています。改めて「武蔵野」を読み返すと、新しい自然観察の視点を得て、今まで文学の題材とはならなかった武蔵野の景観に、新しい美を発見し、それを文章で描写できるということに興奮し、夢中になっている独歩の熱を私は感じます。

「武蔵野」以前の日本にも自然描写はたくさんありましたが、そこでの自然描写は自然の描写を目的にはしていませんでした。自然は、ススキ原や萩の花などの記号に分解され、内面または状況を描写するためのオブジェクトとして操作されてきたと言えるのではないでしょうか。自然はルールに沿ったイメージ操作の材料だったのです。

そうしたルール化の極端な例の1つが歌道の世界の古今伝授です。古今和歌集の秘伝と言われる「三木三鳥」、（川菜草、めどに削り花、招霊の木、稲負鳥、百千鳥、呼子鳥）については筆記してはならないとされました。秘伝を伝えられた者以外は知らない木と鳥の名前が、歌道の伝統において力を持つという状況は、富士や梅、紅葉や松が記号として扱われる自然描写が、現実の自然とは無関係の世界で成立し得たということではないでしょうか。そして共有するルールに乗らない動植物や未知の景観は描かれません。話はそれますが、自然環境保護の象徴とされるオオタカについて、三木三鳥の1つであるかのように扱われていると感じられる時があります。

さて、ナラやケヤキの疎林と民家からなる里山の風景の美しさ、その合間に出会う農民の佇まい、ふとした微気候の変化などの美しさは、国木田独歩による19世紀ロシア文学を媒介とした「風景の発見」以前に日本人には見えていませんでした。正確には、見えてはいたかもしれませんが、心に留まることはありませんでした。

私たちが見る「自然」は130年の歴史しかありません。ということは、未発見の風景がまだ残されていると考えるべきなのです。

図14：武蔵野図屛風

江戸時代に武蔵野図は1ジャンルとなり屛風絵をはじめさまざまな工芸品の題材となる。

ススキの生い茂る野と富士山、そして月の組み合わせは、当時の日本人の心の武蔵野そのものであった。花札のボウズ（ススキ）の題材となった風景は京都近郊との説もあるが、感性は通底している。

（東京都江戸東京博物館蔵）

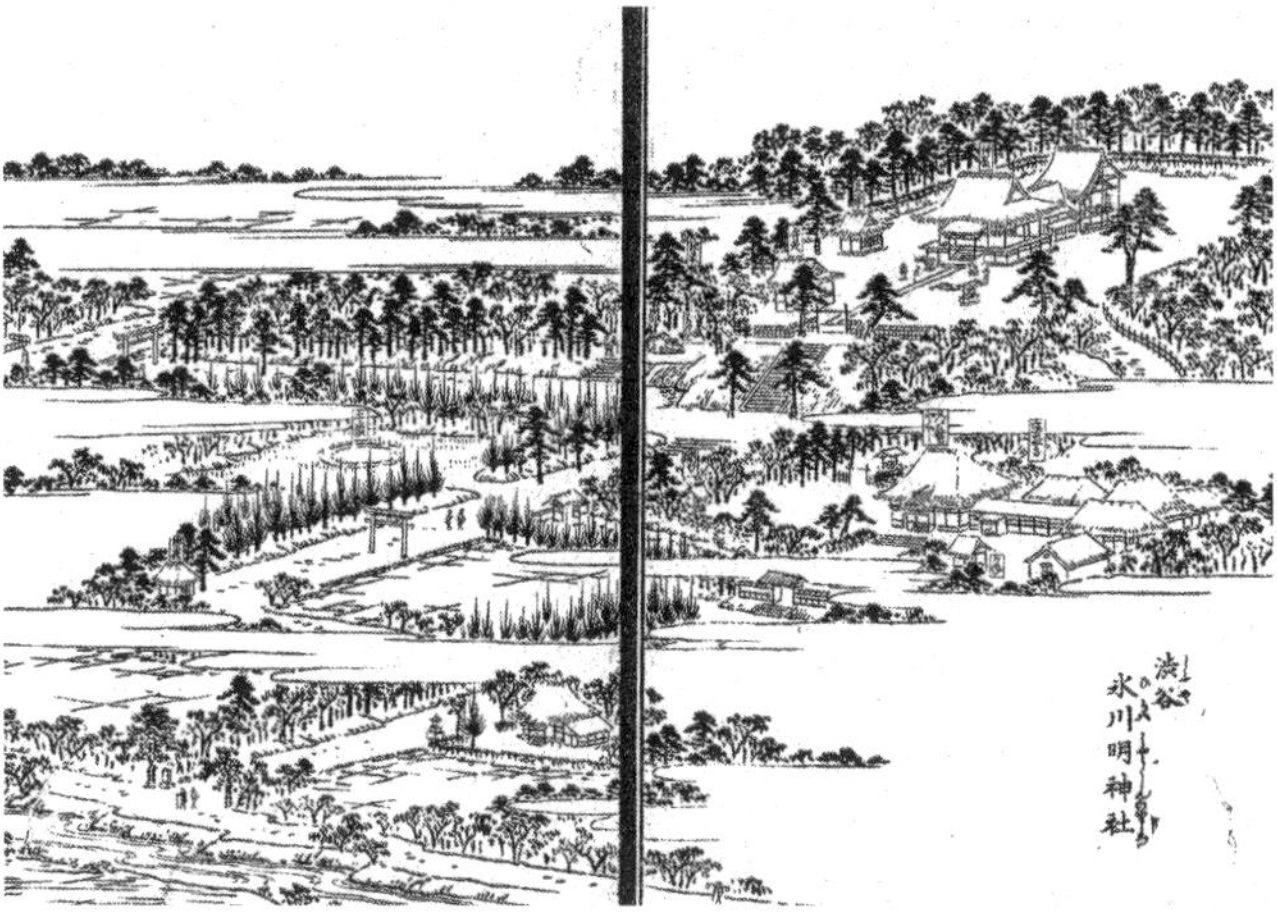

図15：江戸名所図会　渋谷氷川明神社
江戸名所図会とは、江戸時代後期（1834～36)、斎藤月岑《げっしん》が出版した江戸のガイドブック。図中の高いところに氷川明神社の拝殿、本社がありその下に宝泉寺が見える。現在では渋谷の氷川神社は駅の南東側、國學院大學の隣に位置し、宝泉寺もその南側に残っている。図中左下に見えるのが渋谷川で、今日ではその横に明治通りが通っている。明治初期の地図では、渋谷村の渋谷川沿いには畑が点在し、氷川神社の周りは竹林、その向こうの南西向き斜面や宝泉寺の背面は茶畑となっているが、江戸名所図会の時代からすでに、国木田独歩が渋谷村に滞在していた時期に発見した新しい「武蔵野」に近い風景であったことがうかがえる。
（国立国会図書館デジタルコレクション）

6　森林銀行に向けて

私がお手伝いしている山梨県丹波山村では、さまざまな業種のプロが集まり村の未来を考える「丹波山村未来会議」という活動が続けられていますが、そこでの議論での1つの到達点が、森林資源循環の再生こそが必要であるということでした。丹波山村未来会議では、さらに進めて森林資源循環を再生するためのさまざまな取り組みを「森林銀行」という活動のもとに集約、組織化していくことになり、令和2年度から本格的に活動を開始する予定です。

森林銀行とは何でしょうか。金融機関を設立しようというわけではありません。建材としての木材を流通させることや、植林事業などの個別事業の名称でもありません。それは一言で言えば、森林資源を活用するための資源循環を円滑化するための事業創造支援のサービスの名称です。森林の質的な充実と、地域独自の産業活動を結び付けることを目指しています。

図16：森林銀行のコンセプト

森林銀行とは、

1、地域が主体となった森林の「ストック経営」サービス

× 従来の森林経営：年度ごとの伐採、植林＝PLだけの経営
ストックの「質向上」への経営意識が希薄

○ 森林資源のBS（バランスシート）づくりからスタートし、
「ストック経営」の視点で森林資源の質向上を図る

2、林業6次産業化への協業ネットワークをコーディネートする

× 伐採から商品化まで、1事業者では商品開発に限界がある、
また、協業の既存バリューチェーンは老朽化

○ 加工、組み立て、販売のさまざまな企業をコーディネートし、
付加価値の高い新たなバリューチェーンを構築する

3、保有者別森林経営から脱却し、エリアで一体となった森林経営を実現

× 水源林、民有林、自治体保有林と保有者ごとに森林経営を行うため、
地域産業、地域生態系の視点が欠けている

○ DRE（District Real Estate）として森林を捉え、
地域全体での最適化を実現する

村では事業主体となる法人の設立を目指すが、
金融機関ではないため法人名には「銀行」の語は使用しない
「森林銀行」は、目指すサービスのコンセプト名称として使用する

今日では森林資源というと、主にスギ、ヒノキの建材としての価値が思い浮かびますが、戦前に目を向けると、建材としても多様な樹種が用いられていましたし、落葉や小枝なども日常生活では大切な資源でした。また、換金性の高いものでは広葉樹からの薪や木炭などの燃料用途が挙げられます。木材価格の下落は林業の衰退を招きましたが、皮肉なことに森林の量的充実には貢献したのではないでしょうか。しかし同時に、林業の衰退は森林の手入れを停滞させ、森林の質的な劣化を招いています。

銀行の話なのでお金になぞらえますが、フローとストックという会計学の考え方があります。今更ですが、とりあえずフローとは1年間の増減、ストックとはその時点で貯蔵されている量、と言っておきましょう。森林経営をビジネスとして考えると、森林という固定資産にもとづくストック的なビジネスと言えると思います。しかし、実際に私たちが目にするアクションは、年度ごとの伐採量と売上、経費や人件費などのフロー的な管理に終始しています。森林経営においては、これまでフロー経営だけでストック経営がおざなりにされてきたのです。戦後の拡大造林ブーム時に「スギ、ヒノキを植えておけば将来必ず儲かる」と言われていたそうですが、これは「とりえず家計のストックは定期預金に」という発想とまるで同じで、フローが痛んで不良なストックが増えつつある、というのが現在の森林経営の状況と言えるのではないでしょうか。もっとも、森林生態系の維持だけを見れば、有効利用されずとも別に問題はないのです。ただ、山に入りにくくなる、野生生物の被害が増えるなどの、ある意味「人間」側だけの問題があるだけです。それが、森林の質的な劣化です。そしてその劣化を食い止めるため、改善するために、森林にはストック経営が必要となるのです。

今日の、日本の森林経営の問題の1つは、単年度の損益計算書ベースでの経営（それも穴だらけの）に陥っているということです。どんなに損益計算書（フロー）を眺めてみても、改善策は浮かばないでしょう。森林資源はストックとしてみる必要があるのです。山林の荒廃も、花粉症の問題も、生態系保全の問題もストックの質に関わる問題です。

日本における森林経営の問題のもう1つは、森林の持つ多面的な価値と機能が評価されていないという問題です。例えば丹波山村の場合、村の面積の7割が東京都に買い上げられ、水道水源林に指定されることで村民の生業の場となるべき生存圏は大きく圧迫されています。本来、水源涵養《かんよう》とヤマの利用は両立できるはずなのですが、森林保有者の事業目的以外は認められない単一機能の森林となっているのです。

私が考える、森林ストック経営の基礎となるバランスシートの概要案を示します。(図17)

森林ストックの多面性も併せて明らかにできるものにしていきたいと考えています。

森林経営の場合、経営主体は公共・民間にまたがり、全国に広がっています。したがって森林バランスシートは、単独の事業主体だけでは作れません。複数の主体が緩やかにコンソーシアムとなって、従来からの森林事業の損益計算書と、バランスシートを連動させ決算を連結していく必要があります。その主体となるのが、私がイメージする森林銀行の理想像です。

**図17：今までとは違う、経営の視点からの、
森林資源の把握手法**

例えば森林資源そのもののBSをつくり、
森林資源ポートフォリオと再投資を最適化する（イメージ）

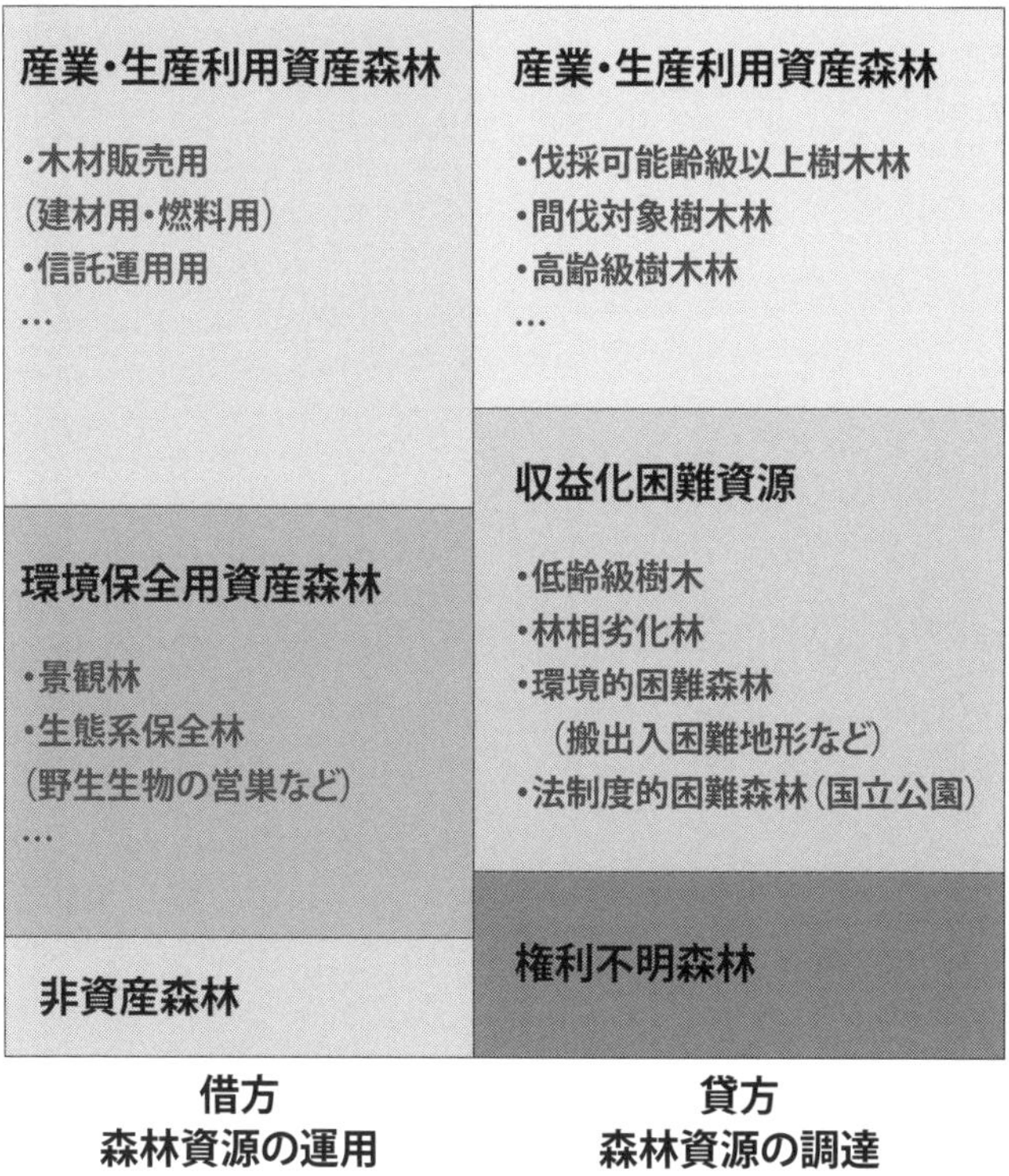

7　日本を動かすお金ではない経済の仕組み

石川県は能登半島の輪島の近く七尾市に石崎という集落があり、一時、私は毎年のように訪れていました。相撲の輪島関の出身地というだけあって、かつては相撲が地域で一番人気のあるスポーツだったそうです。私が訪れた時にも、力自慢の荒々しい気風に満ちた漁師町の佇まいがありました。海岸線に沿って広がる集落のほぼ中央に小ぶりな広場があり、その左右に集落を縦断する幅４ｍに満たない細い路地が続いています。

能登半島名物の奉燈祭の見物が、毎年ここを訪れていた目的です。能登半島最大の奉燈祭というのが石崎の人たちの自慢で、１００人で担ぎ上げる重さ約2トンの巨大な奉燈が7つの地区から合計七基、競うようにこの細い路地を通過します。当然スムーズには通過せず、担ぎ手の熱気が伝わる緊張感が見どころ満載なお祭りです。（写真3）

奉燈の幅は、路地の幅員とほぼ同じなので、路上からは、奉燈の前か後ろしか見えません。大きなお祭りであるにも関わらず、観光客が見物できる場所がほとんどないのです。集落の多くの家は、この細い路地に面して客間を設け、座敷で宴会をしながらこのお祭りを楽しむことができるようになっていました。私は、友人たちとここに招かれ、ひたすら歓待を受けながらお祭りを楽しませていただきました。招待していただいた知人によれば、ここで一年間の貯えを全て散財する習わしなのだそうです。私たちが受けた一方的な歓待は、目いっぱいに散財する助けになっていたというわけです。

細い路地を最も重要な骨格とする石崎の集落は、奉燈祭という夏の満月の晩の、自分たちが楽しむための祭りに向けて最適化されていると言えます（図18）。まちづくりの見方からするとなんとも型破りなのですが、金沢や遠くは東京へと出て行った七尾出身者がこの時だけは何はともあれ地元に戻るという名分にもなっています。石崎在住者にとっては、祭りへの参加は仕事よりも優先すべき事柄です。楽しみであると同時に、コミュニティへの緩やかな義務でもあります。彼らにとっては、祭りへの参加は故郷との関係の有効期間を更新する重要な行事なのです。出身地から離れて過ごす時間が増え、生活において、その場所での給与所得の比重が大きくなるに従い出身地のコミュニティとの繋がりは薄くなっていきますが、故郷との繋がりは、いざという時のセーフティネットにもなるわけですから、お金には代えられない資産でもあります。

地域における雇用の創出は地方創生において、ゴールとして必ず掲げられるテーマの1つです。ここでの雇用とは給与所得を得る手段と言い換えてもよいでしょう。しかし私には、活気のある地方の実像は、給与所得をもたらす「雇用」とはどうも結び付きません。給与所得だけで生活の糧を得るライフスタイルは、都会的（東京的）なライフスタイルなのではないでしょうか。そして給与所得の比重が増えれば増えるほど、地域コミュニティとの縁は薄くなっていくように感じます。

地方に移住した人が苦労するポイントの1つが地域コミュニティとの付き合い方にあると言います。地方で暮らしてゆくためには、地域が提供する社会サービスに頼らなければならない部分がどうしても生じます。田舎暮らしのメリットに物価の安さ、必要な現金出費の少なさが挙げられますが、それは、社会サービスを受けるためには現金以外のもの、付き合いやおすそ分けといった労務や物品の交換の輪に入っていくということを経た上での話なのではないでしょうか。

現代まで、地域活性化の指標として経済活動の規模を採用することは当たり前と考えられてきましたが、地域住民の生活の真の質は、経済活動では測れない領域に存在しているといってよいでしょう。経済活動を当たり前のように指標として使っていたために、そのような地方の活力のありかそのものが統計上に表れない不可視な存在となっていたのです。経済活動では測れない地域の活力が存在し、それがいまだに活きているということは、資本主義システムに組み込まれていない社会が、日本には豊富に残っているということを示しています。その活力の原理は、独占を許さず分け合うこと、どんなに小さくとも小規模な労働を認めること、貨幣価値を通した価値の平準化にこだわらないことなどです。

ここまで、考えたところで、ふと気付くことがあります。それは、これまでの経済指標に表れない地域活力の真の姿が、近年のニューエコノミー、シェアリングエコノミー、サイクルエコノミーなどと呼ばれる新しい潮流と響き合う部分が大きいのではないかということです。給与所得による生活が当たり前であり、それ以外は考えにくい人たちには見えないかもしれませんが、地方の価値は、経済活動の外にあるのです。

その価値の姿を、社会の仕組みとして描ききることで地域を守っていく必要があると考えています。

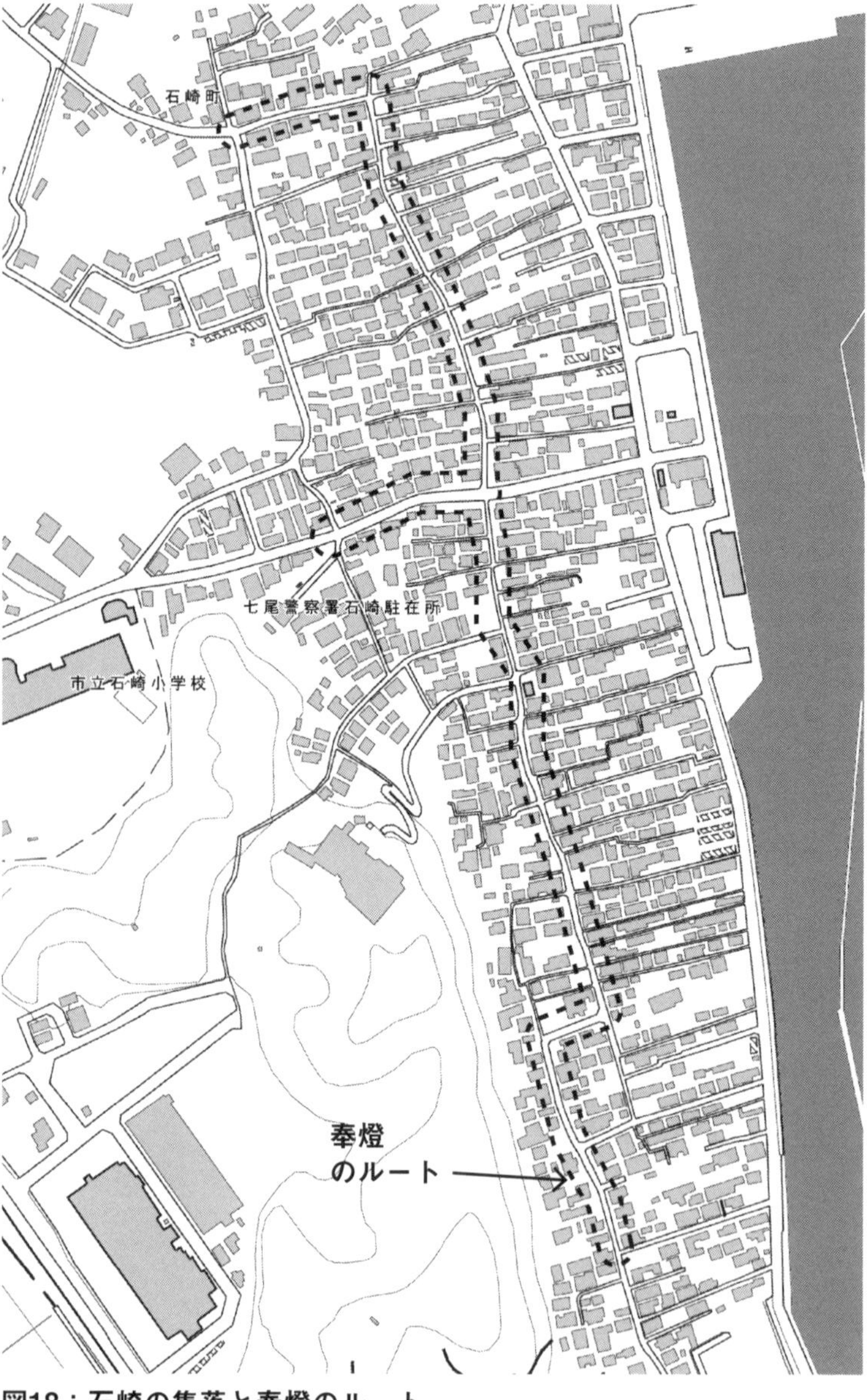

図18：石崎の集落と奉燈のルート

写真3、4：石崎奉燈祭　写真提供：石川県観光連盟

第3章　歴史　自分たちへの勘違いをただす　価値の源泉

1　革命と時間感覚

19世紀から20世紀に切り替わった前後の社会は、産業革命に端を発した産業組織の誕生や、自動車など「機械」による生活の変容、「無意識」の存在の発見、人類史上初の世界大戦などにより、大きな変化を経験しました。

20世紀初頭に芽生えた「運動」「スピード」への感受性は、アートの世界では機械や時間の美をテーマとした「未来派」で花開きます。その後のカンディンスキーなどによる抽象絵画の「発明」、空間を4次元的に捉えるブラックやピカソの「キュビズム」や、「ロシア・アバンギャルド」など、ジャンプアップと言ってもよい急激な変化へと続きます。同じ頃、建築の世界ではル・コルビジェが「住宅は住むための機械である」と述べ、その後の世界中の建築家に影響を与えることになりました。世界大恐慌前夜のこの時代には、世界のフレームワークが入れ替わる「革命」の雰囲気が充満していたのです。

さて、日本語での革命という語は、もとは漢籍で天「命」が改まる（革まる）という意味でした。明治になって福沢諭吉が「Revolution」の訳語に「革命」を充てました。ですから今日の「革命」という語には、「Revolution」が本来持つ「循環」や「回転」というニュアンスが備わっていると感じます。

20世紀が21世紀になり、平成が令和になり、昭和がかなたの出来事となりましたが、時代は自転車の車輪のように回転しながら前へと進みます。そして、19世紀から20世紀にかけての意識の変革を思い起こすと、21世紀に生きる私たちは、産業や社会の仕組みについて、知らず知らずのうちに古ぼけた概念に捉われていないか、再確認する必要があると感じます。

近年の世界を揺るがす事件は、２００１年アメリカ同時多発テロ、２００８年リーマンショック、２０２０年新型コロナウィルスなど、大体10年間隔で発生しています。私などは、5年ほどすると大体忘れてしまいますが、歴史的な予想外の危機は少なくとも10年周期では訪れるものと考えるべきでしょう。転職の少ない日本といえども、企業人のほとんどは、同じ職位職階に10年以上留まることは稀だと思います。だとすれば、経験的にこうした危機にうまく対処することは困難です。新型コロナウィルスの感染症拡大防止策についても、リーダーシップは不可欠ですが、特定のリーダーの優劣にばかり目が向く状況はマネジメントとして不健全でしょう。その上で、10年ごとの危機に対処していくためにも組織を構成する個人といえども100年単位での時間感覚を持つべきです。そしてそれは、危機への対処というだけでなく20世紀から21世紀への「Revolution」を回しきるためにも必要なことでもあるのです。

写真5：ジャコモ・バッラ　スピードオブモーターサイクル
スピード・運動・機械という未来派特有の感受性が表われている。

2　「アジア」って何だろう

北朝鮮を巡る緊張、日中韓関係など、この数年「東アジア」関連のニュースは、常に何らかの形で取り上げられています。しかし私には、そもそも「東アジア」という括りに対して、微妙な違和感があります。

もともと、「アジア」という括りは「アジア人」が生み出したものではありません。ざっくり言えば、「アジア」とは古代ギリシャ、ローマ人が、自分たち以外の東の方の領域という意味で使っていた概念です。まず、「東のほうの自分たちのテリトリーの外」であるアナトリア（現在のトルコのあたり）が「アジア」と呼ばれ、その後、背後に更に大きな領域が広がっていることが知られるとアナトリアは「小アジア」に格下げされました。アジアとはどこまで行ってもヨーロッパから見た「俺ら以外」という括りだったのです。そんな一括りを束ねる内発的なアイデンティティなどそもそも存在しようがないのです。

さて、そうは言っても「東南アジア」という言い方はしっくりきます。ＡＳＥＡＮ（東南アジア諸国連合）の存在感のせいでしょうか。タイ、フィリピン、マレーシアなどの10カ国と領域も明快で、統治制度も経済水準も宗教も大きく異なりながら、地域開発における利害関係と、仏教中華文明プラス河川、海洋文明のつながり感の上下関係のない共有により、ゆるやかなアイデンティティの構築に成功しているようです。

「東アジア」の括りには日本、中国、韓国、北朝鮮が含まれ、何となく台湾は微妙な感じです。そして、地理的隣接関係でいえばモンゴルは入らないのかな、中国は「東」から大部分がはみ出しているなど、いろいろ疑問もあります。しかし、1つ言えるのは戦前の日本の統治に関係している地域だということです。

東アジアにおける近代の最大の歴史的トピックスの1つが「満州国建国」です。しかし、地域へのインパクトの大きさに比べると、歴史の話題に上る機会が少な過ぎるのではないでしょうか。中国は、近世に至るまで常に東アジアの文物交流のハブとなってきましたが、その中国の歴代王朝の趨勢は、いつも現在の黒龍江省、吉林省、遼寧省などの東北地方（満州国のあった地方）に左右されてきました。北東の方角を鬼門と呼び、戦国期から秦、漢の時代まで長城を築いて防護を固めてきたのもそのためです。そして、日本もそこに「満州国」を通して一枚かんでいます。

中国の東北地方は今日、都市やインフラ、高速鉄道の整備により大きく発展しましたが、その骨格の多くは満州国（ちなみに現在の中国では独立を認めない立場から偽満州国と表記します）時代に負っています。日本は、膨大な国富をここに投入し、権威者の重しを逃れた多くの若い技術者や開拓団が移住しました。そして移住した彼らは、建築・土木の長く巨大なサプライチェーン（鉄骨やコンクリートなどの原材料の調達、製品への加工や部品の製造、資機材の運搬流通などのつながりによる、生産システム全体）を数年で構築しました。ところが、日本の大学などで教えられている建築史のテキストからは満州国での日本人の足跡に関する事項が、ほとんど抜け落ちています。日本建築史にも世界建築史に入らない、エアポケットのような存在です。

しかし、満州国の首都、新京として開発された長春は、戦前日本の都市建設の歴史の金字塔と言って良い存在です。何もない荒野にゼロから広大な都を立ち上げた経験は、日本人にとって平安京以来のことだったのですから。

かつて日本人が満州に建設した建物は、未だに数多く現存しています。その多くは、歴史的建築物として大切に保存活用されています。さて、中国の近代歴史的建造物の保存活用と、日本における保存活用には大きな違いが感じられます。一言で言えば、中国では使い続けることを優先し、日本ではオリジナルを物理的に保存することを優先しているということです。

中国では、吹き付けタイルやペンキ塗装により塗り替えられ、日本の文化財保存の価値観では「残念な保存」となっている建物は少なくありません。現代風に改修、改造されている建物も多くありますが同時に、当初と同じ用途、内装で場合によっては家具まで同じレイアウトで使い続けられている建物も驚くほど多く残っています。ハルピンではかつて満鉄が経営していた旧ヤマトホテルが龍門貴賓楼として今でも運営され、エントランスから2階へ上がる階段周りなど、オリジナルの佇まいが残されていますし、長春の旧関東軍司令部は中国共産党吉林省委員会として利用されています。大連の旧満鉄病院は大連大学付属中山医院として、当時としても東洋一といわれた規模の建物を残し、デザインをそろえてさらに増築し、大病院として営業中です。

ものすごい速さで新陳代謝し変貌した中国の都市ですが、100年前からの歴史の連続性を感じられる街と建物を残しています。それに対して、日本の街づくりと文化財保存は、建築物を「モノ」として扱い過ぎているのではないでしょうか。そこでの「営み」の連続感を含めて保存しなければ、他人の家の遺品のような古ぼけた厄介者にしかなりません。

カタチは正確に保存されていても用途として死んでいる日本の文化財保存には、そこでの「営み」の連続性確保の視点が欠けています。そのことが、街並みや建築からのリアルな歴史感を失わせているのではないでしょうか。これは、建築史の問題にとどまらない大きな問題です。

「東アジア」のアイデンティティは、否応にも日本の統治経験に立脚せざるを得ないとすると、今日の日本の歴史感覚の欠落、空白は、「東アジア」の人々を苛立たせます。満州に関する記憶の欠落は、その最大のものであると言えるでしょう。私たちはそれを埋めなければなりません。

写真6：ハルピン　旧ヤマトホテルの現在　龍門貴濱楼
階段室まわりの吹き抜け。

写真7：大連　旧満鉄病院の現在　中山病院の頂型写真。
手前側はオリジナルの建物がそのまま使われている。
奥側が意匠をそろえて新しく増築された部分。

3　ものづくりでつくるもの

「ものづくり」は日本の強みなのだと言われています。主要な産業における強みである「ものづくり」とはどこにあるのでしょうか。戦後しばらくの日本製品は「安かろう、悪かろう」と言われていました。安く高品質な日本製品という日本の「ものづくり」ブランドは、その後の高度成長の過程で築き上げられた、たかだか50年程度の歴史しかない「伝統」です。にも関わらず「ものづくり」というキーワードが、何か神聖な日本特有の伝統的な価値であるかのように取り上げられていることには強い違和感があります。

木工や漆工、染物など、京都や金沢に息づく伝統工芸品が「ものづくり」文化の事例として挙げられていることを目にすることもありますが、これらを「日本」全体のこととして語るのは少し図々しいと感じます。「ものづくり」への過剰な執着は、グローバルな「仕組みづくり」で欧米の後塵を拝し続けていることへの負け惜しみのようでもあります。

すでに多くの人が実感されていると思いますが、電気製品の「ものづくり」では中国や台湾には敵わなくなりました。だいぶ以前に、家内がiPhone 4を落として画面のガラスを破損してしまい、部品を入手して自分でガラス交換に挑戦したことがあります。iPhoneシリーズは、4に限らず、側面に2か所小さなビスがあるだけで、日本製品のように背面に無造作にビスがあるようなデザインではありません。分解して驚いたのは、単なるステンレスのプレートと思われた側面のフレームが、複雑に3次元に成形されており、内部の20本ほどのビスが全て違う太さと長さだったことです。さまざまな電気製品を分解したことがあるのですが、日本製品では見たことがない、異次元の「ものづくり」がありました。今日の世界のスマートフォンのデザインの原型を作ったのが、iPhoneでなかったとしたら、スマートフォンのデザインは今よりはるかにチープなものになっていたことでしょう。日本の「ものづくり」を否定はしませんが、その伝統の中身については再考が必要です。

建設業においても「ものづくり」はたびたび議論されるテーマの1つです。伊豆の松崎町に江戸時代の左官で漆喰鏝絵《しっくいこてえ》の名人であった入江長八の左官作品を収めた「伊豆の長八美術館」という美術館があります。建設業における「ものづくり」のすばらしさを見ることができますが、今日の建設業が目指す「ものづくり」とは違うでしょう。

小学生の時に、「法隆寺を建てたのは誰でしょう?」というナゾナゾがありました。「聖徳太子!」「はずれ!、大工さんでした」という他愛もないものですが、元請けの建設会社の方と話していて似たような状況に出会ったことがあります。

「わが社のものづくり強化に向けた技術開発は……」

「元請けの仕事はマネジメントで、作るのは職人さんでは?」

「……」

さて、法隆寺建立を発意したのが聖徳太子かどうかは別にして、法隆寺を建てた職人さんとしての「大工さん」は、今のような技術集団とは違っていました。法隆寺は、力強さとおおらかさを備えた世界遺産にふさわしい佇まいを備えていますが、基本となる平面計画は、単純な整数倍のグリッドの基準線にもとづくシンプルなものであることがわかっています。しかし、柱の位置と基準線の関係に、中心、内側、外側とバリエーションを付けることで、単調になることを防ぎ力強い造形を実現しているのです。また、同じデザインが繰り返されているように見える部分でも同じ形の部材は1つもないという構造体など、高度な技術が駆使されていると も言われています。ところで、法隆寺建立時に動員された「大工さん」(大工という職能は、平安時代に大工寮という朝廷の官職が設けられたことに由来するため、正確には大工さんではありません。また、職人として専門分化した職能であったとも言えないので、ここでは仮に「大工さん」と呼んでおきます）の木材加工技術は、竪穴式住居とほぼ同等だったと言います。誤解を恐れずに言えば、法隆寺は自分だけでは竪穴式住居しか作れない人々を動員し、組織したマネジメントによって実現しているのです。

法隆寺を「建てた」ものづくりの中心になった人は誰でしょう。今日の企業マネジメントでは、企業内で分担された役割を横断し、コントロールする価値創造の中心的役割をセンター・オブ・エクセレンス（Center of the Excellence）と呼びますが、7世紀の日本で、法隆寺を建立するための計画立案、材料の調達、加工、工具の制作、木工、瓦生産などの役割の中心を担ったセンター・オブ・エクセレンスこそが法隆寺の「ものづくり」の中心です。法隆寺建立というプロジェクトのセンター・オブ・エクセレンスは、職人的なものづくりの技術もさることながら、仕組みを作るマネジメントの技術にあったと考えます。

限られた技能しかない作業員、限られた物量しかない生産環境をいかに組織化し、大きなゴールを実現してゆくのか、日本の「ものづくり」は仕組みづくりから出発するべきであることを、法隆寺は教えてくれます。

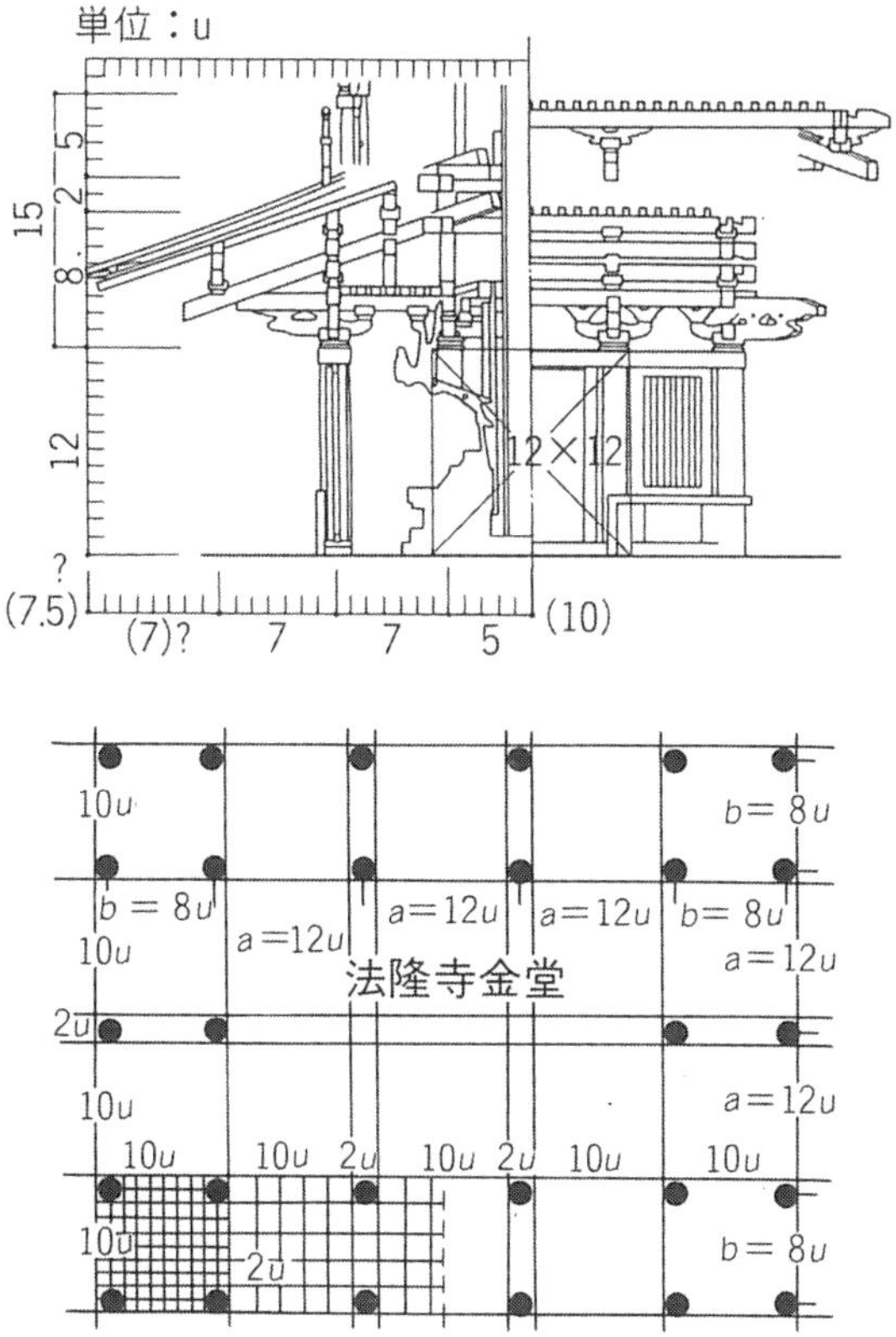

図19：法隆寺の寸法計画
法隆寺金堂に潜む正方形グリッド。シンプルな基準単位を操作して空間を作り上げる手法は、古代建築に共通の性格かもしれない。しかし、現場に立って多くの非熟練労働者を組織化し、動かしていくことを想像してほしい。指示しやすく誰にでも容易に理解できるレシピとすることには、切実な要求もあったはずである。生産体制の制約条件と、それを乗り越えようとする大局的なコンセプトのせめぎ合いが、優れたモノづくりを実現する。
(図版出典：「建築様式の歴史と表現」　中川武著より)

4　紀貫之と日本語の欠陥

ある店でかつて、知人2人が私の目の前で繰り広げた会話です。

A「あなたみたいなブスは見たことがないわ。少しぐらい見かけが良いと思っていい気になっているみたいだけど、中身が空っぽなことがわからないの」

B「何よ、女性に向かってそんなこと言うなんて。あなたの方こそ最低の男ね！」

A「あら、だってあたしオンナだもの。前から言っているでしょ」

後日、Bさんは私にこう言いました。「あんなに私にはっきりと意見を言ってくれた男の人は、あの人が初めてだった。2人で会いたい」

その旨を、Aに伝えると「私はオンナだって言っているのに、まだわからないのかしら。そんなことより、あなたを連れて行きたい店があるんだけど。そこは男だけしか入れないのよ」

「あなたは見かけだけ」、男性が女性に対して面と向かって言うセリフとしてはなかなか刺戟的です。冒頭の女性Bさんの発言「男のくせに……」は大勢がいる場での女性への罵倒に対しては正当な感じもしますが、「あら、だってあたしオンナだもの。……」はその文脈という防御壁を破壊し、それが故にBさんの心にグサリと突き刺さります。

そして後日、Bさんは私を通して、以前の会話を男女関係の文脈に再回収しようと試みたのです。

Aは、その再回収を拒絶し、自分のポジションを私に対し再確認します。自分はオンナだと主張するのになぜ、男しか入れない店に2人で向かうのか。

今のLGBTという言い方がなかった時代のことですが、私の飲み友達でもあったAは、有名なゲイバーで「男役」として人気がありました。男なのに男役という複雑な役回りは私生活でもあまり変わらず、しばしば女性に対して容赦ない口撃を与え、このような騒ぎを起こしては面白半分に私を巻き込むことが度々ありました。


さて、冒頭に挙げたような会話は、ジェンダー間の言葉のフレームワークをずらしたり無効化したりしながら、普段は表現できない内面性を見せたり隠したりする言葉のゲームとも言えます。私はここに、「男言葉」「女言葉」のそれぞれに固有のニュアンスやルールが紐づいているという、日本の言語文化のバックボーンを感じます。

その源流として、私に思い当たるものの1つが紀貫之の土佐日記です。

男もすなる日記といふものを、女もしてみむとて、するなり。

その書き出しは、男性である紀貫之が、「男性の真似をする女性」のふりをしていますよ、こういう「お約束」を前提に読んでね、という読者に対する但し書きです。これは、先に挙げた私の友人Aと類似の嗜好を紀貫之が持っていたということではなく、この時代に、男言葉と女言葉という形式の区別に加えて、男の論理と女の論理のフレームワークに対する俯瞰的視野が存在した、ということだと思います。

平安時代の、「男もすなる日記」とは、貴族が公的な記録として日々の行事について作法や手順を漢文で記録するためのものでした。そして土佐日記が「女もしてみむとて」と断りをいれているのは、これを仮名で書く、という意思表示です。

公的な文書はもともと、大化の改新にともなう律令制度のもと、律令法の公式令に定められた文書フォーマットで作成される決まりでした。そうして作成された文書を公式様文書《くしきようもんじょ》と呼んでいます。そのフォーマットは、隋、唐を手本としており、漢文、楷書で書かれる決まりとなっていました。日記もまた、公式文書としてその形式を踏襲していったことでしょう。仮名で書いた理由としては、細やかな心のひだを漢文では表現できなかったから、とか歌人である紀貫之が仮名のほうが得意だったから、などの説があるようです。どちらにせよ、平安文学の本流は、仮名文学の世界です。古今和歌集にはじまり、土佐日記、源氏物語、枕草子などに連なる流れです。そしてその流れを主導したのは女性でした。

しかし、紫式部の源氏物語はある意味で土佐日記とは対照的です。紫式部は男性主人公の物語を仮名、つまり女性の文体で描きました。女性作者が「女性の文体」で男性の論理を語ったわけです。小説家であり古典文学の現代語訳と二次創作でも有名な橋本治は、そんなわけで男性一人称語りに翻訳して「窯変源氏物語」を書き直したのだそうです。

「女が漢字を多用して文章を書けば、「女らしくない、教養をひけらかしている。」という非難がやってくる」時代の作品である「『源氏物語』が、実は、漢文のレトリックで書かれたものである……」（橋本治『ぬえの時代』79ページ）

「漢文、男性、公的文書」「仮名、女性、私的文書」の枠組みは、明治維新以降、変容していきます。文語体、口語体に置き換えられ、そのうえで言文一致運動の嚆矢《こうし》となった二葉亭四迷や夏目漱石などの作家によって近代日本語は、江戸時代の日本語から劇的に変化していきます。そして、「漢文」は実務からお飾り的な教養へと位置付けを変えていったのでした。

では、漢文の持つ形式性、論理性に相当するものを新しい日本語は備えているのでしょうか。明治時代、新しい日本語に最初に苦労し、被害を受けたのは軍隊でした。金田一春彦によれば、西南戦争の際、3番目の中隊を前進させるために「三中隊、前へ」と号令したところ、全三中隊が前進し甚大な損害を被ったため、以後日本陸軍では、序数の場合は「第三中隊」、基数の場合は「三個中隊」と表現するようになったそうです。（金田一春彦著「日本語（下）」）論理的な意味の伝達という点で、できたばかりの標準語は欠陥だらけでした。

明治初期のリーダー、経営者は「漢文」の素養を持つことで、近代日本語の欠陥を補いビジネス文書の論理性を維持していたのではないかと、私は推察します。そして、明治以前の漢文的な素養が世代交代とともに失われていく中で、ビジネスにおける論理性は徐々に失われていったように思われるのです。

それを端的に示しているのが、海外からの新しい概念の取り込み方です。現代日本の言語空間の、実業分野における不可欠な概念装置の数々は、明治期に外来語から翻訳され発明された漢字熟語に多くを負っていますが、それらは断片化された漢文だと言って良いでしょう。漢字熟語は爆発的に日本人の語彙を増やしましたし、初見の専門用語でも、意味の理解を助けてくれます。一方、今日のカタカナ外来語は、漢字熟語のような論理の埋め込みはなく、より情緒的に他の人と共有できているかどうかわからないイメージを喚起するものがほとんどです。

私たちが備える重層的な言葉の感性は、私たちの言語生活に広がりと豊かさをもたらしていますが、一方で日本語そのものが全体として「女性化」し続けており、論理的コミュニケーションを難しくしているのではないでしょうか。言葉は生き物とはいえ、日本語には共有されている標準文法というものはありません。そして、専門分野ごとの固有の言い回しに頼っている状況では、社会におけるシビアな契約のネゴシエーションはなかなか成立しません。言葉の意味を、社会として論理的に共有する必要があるのです。

図20：定本土佐日記（有名な冒頭部分）

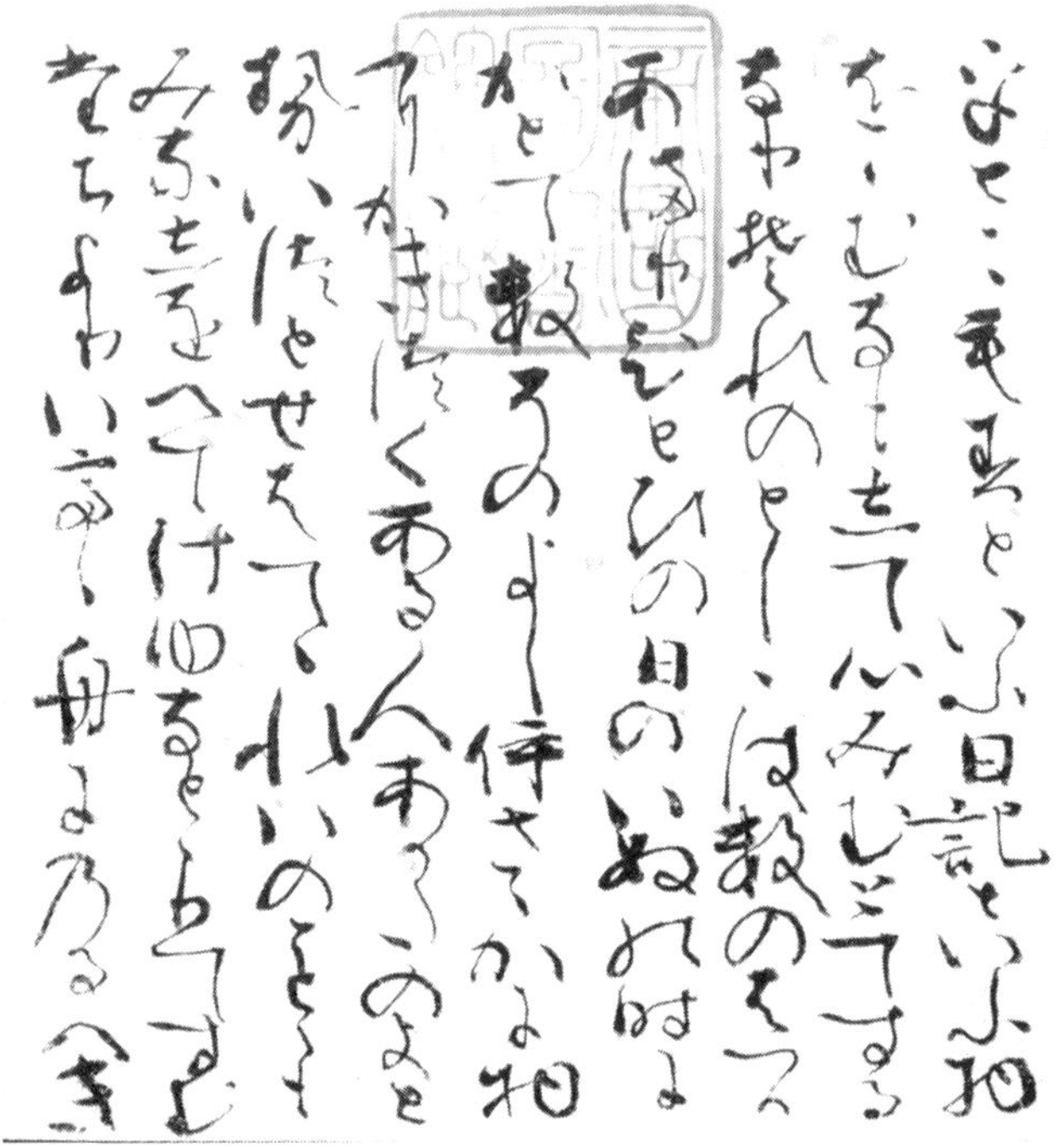

図20、21：定家本土佐日記 尊経閣叢刊

藤原定家が1235年に紀貫之の原本を書き写したものと言われている。巻末の部分は、定家が紀貫之の真筆を臨模（隣において筆遣いまで正確に模筆すること）しており、紀貫之の柔らかい筆遣いを感じることができる。

（国宝　国会図書館デジタルコレクションより）

図21：定本土佐日記（臨模による巻末部分）

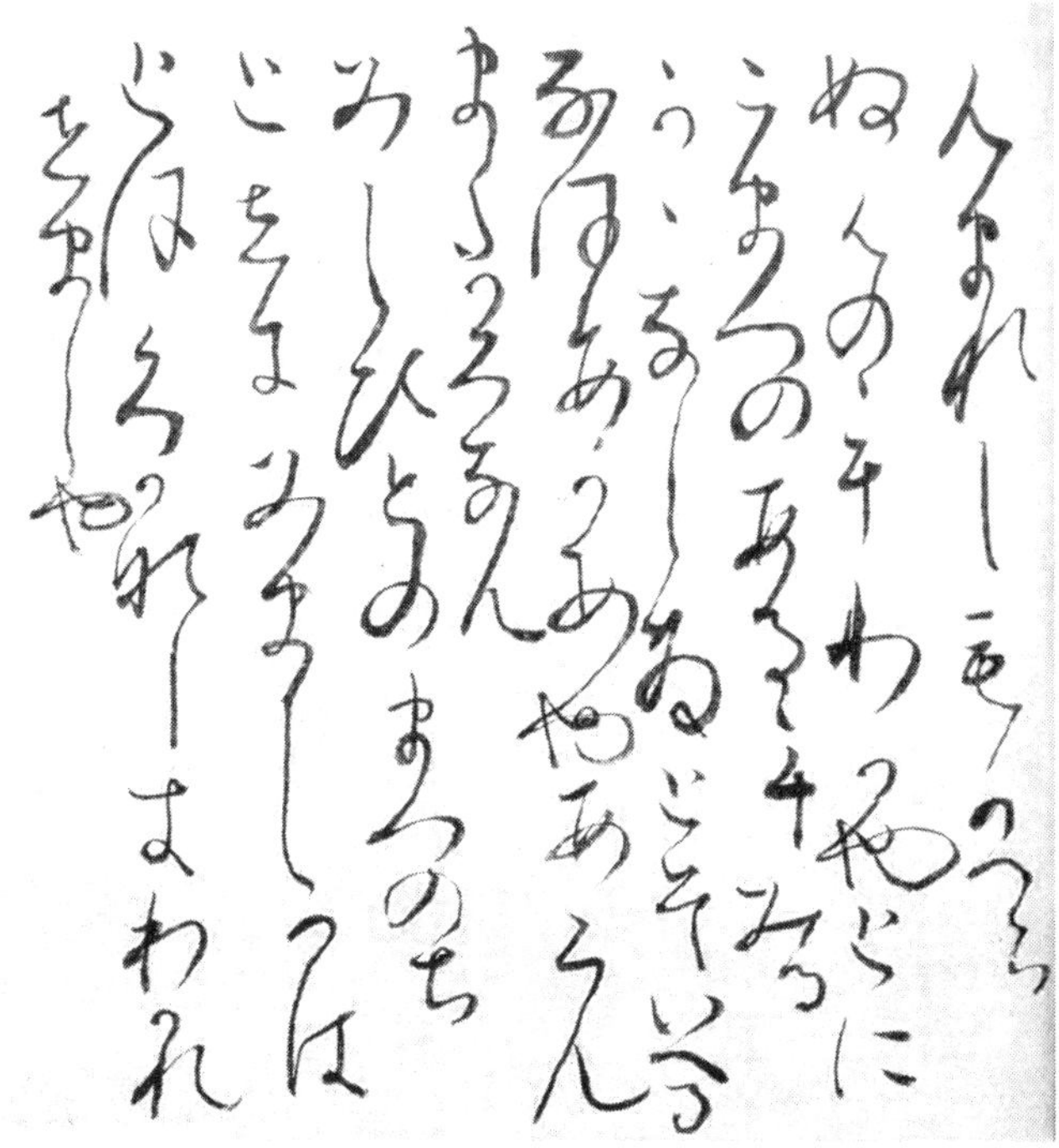

5　引きこもりの起源と未来

京都の見どころは多くありますが、室町以降の日本の文化と美意識の源流の1つとも言える東山の慈照寺（銀閣寺）はお勧めしたい見どころの1つです。北山に位置する鹿苑寺（金閣寺）との、「金と銀」という鮮やかな対のイメージの印象から、慈照寺を訪れる多くの人はいわゆる「銀閣」と呼ばれる観音殿に目を向けると思います。しかし、慈照寺では、観音殿だけではなく、観音殿を眺めて写真を撮る時に背中側にあたる「東求堂」にも目を向けて欲しいと思います。残念ながら、普段は内部が公開されておらず、雨戸が閉まった状態で外から見ることしかできませんが。

東求堂は、日本建築史においては独特の地位を占める重要な建物です。日本の住宅建築には今日まで続く2つの流れがあります。1つが書院、もう1つが草庵です。東求堂の同仁斎と呼ばれる小さな部屋は最初期の書院づくりであると同時に、草庵の源流となる最も古い4畳半であるといわれています。つまり公的な空間と私的な空間がここで初めて枝分かれした分岐点となっている建物であると言えるのです。東求堂には、日本の住宅の2つの流れの起源となったイノベーションがあるわけです。

さて、そのようなイノベーションの足跡を残した人、東求堂を建立した足利義政とはどのような人だったのでしょうか。1460年の寛正の大飢饉では、時宗の勧進聖である願阿弥に大金を与え、飢民への施食を命じるなどの側面があったと伝えられていますが、世の中は一向に良くならず、正室である日野富子にも軽んじられ、やがて将軍としての財力に飽かして現実逃避を始めます。義政は、応仁の乱の原因をつくり、乱が収まると同時に将軍職を子の足利義尚に譲ったのち、莫大な税を課して東山殿を造営し、気心の知れた同朋衆を相手に東山の自然の中で書画や茶の湯に耽ったと言われています。コミュニケーションの相手を趣味と嗜好で絞り私的な世界に入り浸る、つまり、引きこもりになったわけです。

義政が、自ら建立した建物でこの地に現存するのは、東求堂と観音殿だけです。義政は東求堂を先に建立しました（1486年）。その後、観音殿を建設し、1489年に上棟、翌年には義政は死去しています。ですから、この地で東山文化発祥の舞台としての役割を果たしたのは東求堂であると言えるでしょう。

東求堂は持仏堂、つまりプライベートな仏間があるわけですが、将軍が誰にも見られず仏に祈りたいというのも少し不思議な感じがします。日本初の引きこもりである義政にとって、それまでの伝統的な御所は私生活が見られ過ぎると感じたのでしょうか。

東求堂以前は、仏に祈るという行為は、公的なものでした。例えば、天皇が個人的に仏に祈願したいと考えた場合、新たに寺院を建立することはよくあることで、そこで一人で祈願することもあったかもしれませんが、そこは多くの僧侶や貴族が出入りする公共の場であることも違いありませんでした。一方で、生活空間のプライバシーの考え方も今日とは大きく異なっていました。貴族の住空間である寝殿造りは、延々と水平方向に連続している空間です。屏風などの間仕切り什器やすだれなどにより仕切りはありますが、見えても見えないことにする、聞こえても聞こえないことにするなどの暗黙のルールによってプライバシーは保たれていました。

東求堂を建立した足利義政は、征夷大将軍でありながら実権のまるでない情けない将軍だったようです。ですから、そのようなあいまいな領域感覚では我慢がならなかったのでしょう。私室にこもって余計な人とは会いたくないし、話を聞かれたくもない。仏に祈願はしたいが、大勢のいる空間には行きたくないという思い、そして、徹底的に引きこもって、好きな人とだけ好きなことを語り合いたい、という強い欲望が、それまでの日本建築には希薄だったプライバシー空間を実現したと思わざるを得ないのです。

さて、引きこもりといえども独特のコミュニケーションがあり、コミュニティがあり、発信する情報があります。近年、社会・経済の成長の原動力として、オフィスビルにおけるワンフロアの面積を極力大きく確保し、区切ることなく一体で使うビッグ・プレートと呼ばれる施設コンセプトや、大勢の人々を一堂に集めるスタイルの大規模集客施設の方向性が注目を集めています。東山発祥の引きこもりの感性は、それらとは正反対の方向を向いているように見えますが、今日までの日本に地下水脈を通して脈々と継承され、新たな可能性を指し示していると考えます。そしてクールジャパンの中核的なコンテンツとなっている「オタク文化」と引きこもりの親和性の高さも見逃すべきではありません。

写真8：慈照寺全景

左に見える3つの花頭窓のある建物が観音殿（銀閣)、右手前の入母屋の屋根が東求堂である。東山の懐に抱かれるようにして別世界を創っていたことがわかる。左奥の小高い繁みは吉田神社を擁する吉田山。吉田神社は1484年に、足利義政の正室である日野富子の寄進によりこの地に斎場所大元宮を創建している。義政は富子から離れられなかったのだろうか。

写真9：東求堂外観
小ぶりな持仏堂、正面中央の柱間が広いのはわかりやすいが、右側の柱間も広がっており非対称な立面となっている。仏間中心の建物ではないことがわかる。

6　まぼろしの2つの船

東大寺再建の勧進職である俊乗房重源を技術面から補佐し、プロジェクトを成功に導いた宋出身の陳和卿《ちんなけい》という工人がいました。東大寺再建事業においては、東大寺の僧侶、つまり元々の施設の運営事業者と、新しく乗り込んできた経営者である重源とその右腕である陳和卿らとの間では、かなりの軋轢があったようです。陳和卿は結局追放されてしまうのですが、彼の名前を有名にしている事業がその後にもう1つあります。鎌倉幕府の出来事を記した「吾妻鏡」が伝える源実朝の渡宋計画です。

1216年（建保4年）、東大寺再建の褒賞として下賜され経営していた荘園からも追放された陳和卿は鎌倉に赴き、鎌倉幕府の最後の源氏将軍となる源実朝を訪ねます。和卿はその時、実朝に、「貴客は昔宋朝医王山の長老たり。時に我その門弟に列す」と述べます。これが、実朝が以前に見た夢と合致していたことから、和卿は実朝の信任を得ました。実朝は、前世の居場所であった宋の医王山を訪れることを計画し和卿に渡宋のための造船を命じ、由比ガ浜で建造を始めます。しかし、完成した唐船は浮かぶことなく朽ち果ててしまう。以上がそのあらましです。幻想的な話でもあり、さまざまな文学作品にも取り上げられていますが、それらの中でも私は澁澤龍彦の「うつろ舟」をおすすめしています。

船に関して私はもう１つ紹介したい史実があります。それは太平洋戦争時における軍需省と松下幸之助による木造船建造計画です。

太平洋戦争開戦１年にして、日本の戦略物資輸送力の弱体化が露呈しました。軍需省は国内で潤沢に調達できる木材の活用の検討を始め、木造船による外洋輸送船団の建造を決定します。松下幸之助が軍に呼ばれ、秋田杉の産地に近い秋田県能代の工場で、造船に流れ作業を取り入れ、２５０ｔの外洋木造輸送船を１日２隻のペースで建造するという途方もない計画が実行に移されました。しかし、ラインが軌道に乗ったところで、工場から出火し施設はほぼ全焼してしまい、結局進水、就航したのはわずかな隻数だったようです。

日本軍の快進撃が伝えられる中でのこの計画は、関係者にとってはおかしな話だったようです。そもそも、１発の被弾でも沈没する木造船が計画通り外洋航路に出ることになっていたら、その被害は莫大なものであり、現実性にも疑問があるものだったでしょう。しかし、前例のないプロジェクトに関係者は情熱を持ってあたり、実際にラインは稼働を開始します。電気アンカしか作ったことがない松下電器の社員が、世界でも類を見ない木造船の生産ラインを組み立てたことは、日本産業史におけるマネジメントの金字塔と言っても良いでしょう。

しかし、出火による操業の停止がなければ、戦後日本の復興に不可欠な人材の損失はより拡大したはずです。そして、敗戦が決まった時、戦後復興に不可欠な人材である松下幸之助を守るために、関係資料の大半が廃棄され、長らくこの史実が公になることはなかったのだそうです。

重源による東大寺再建プロジェクトは日本初の大型PFIと言えるでしょう。それを技術面で支えた立役者である陳和卿の後日談としての「実朝の渡宋計画」と、松下幸之助による「木造船プロジェクト」、この2つの浮かぶことのなかった船は、技術と経営判断の境界線の課題を突き付けています。

技術的な実現可能性が提示されることで、経営の意思決定は大きく引きずられます。源実朝も、軍需省も目的達成の技術的要件定義は一見できていたように見えますが、技術の限界に関する本質的な理解に欠けていました。むしろ、目標達成を優先し、欠陥に目をつぶっていたとも言えます。自らの技量に自信を持つ優秀な技術者は、「できるか？」と問われた時、可能性に目を向け「できません」と答えないで済む道筋を探します。難易度の高い課題は、技術者に挑戦の喜びを与えるため、課題設定の不適切さが目から覆われてしまうのです。高難度のプロジェクトには、技術を理解し、冷静に評価できる仕組みもまた不可欠なのです。

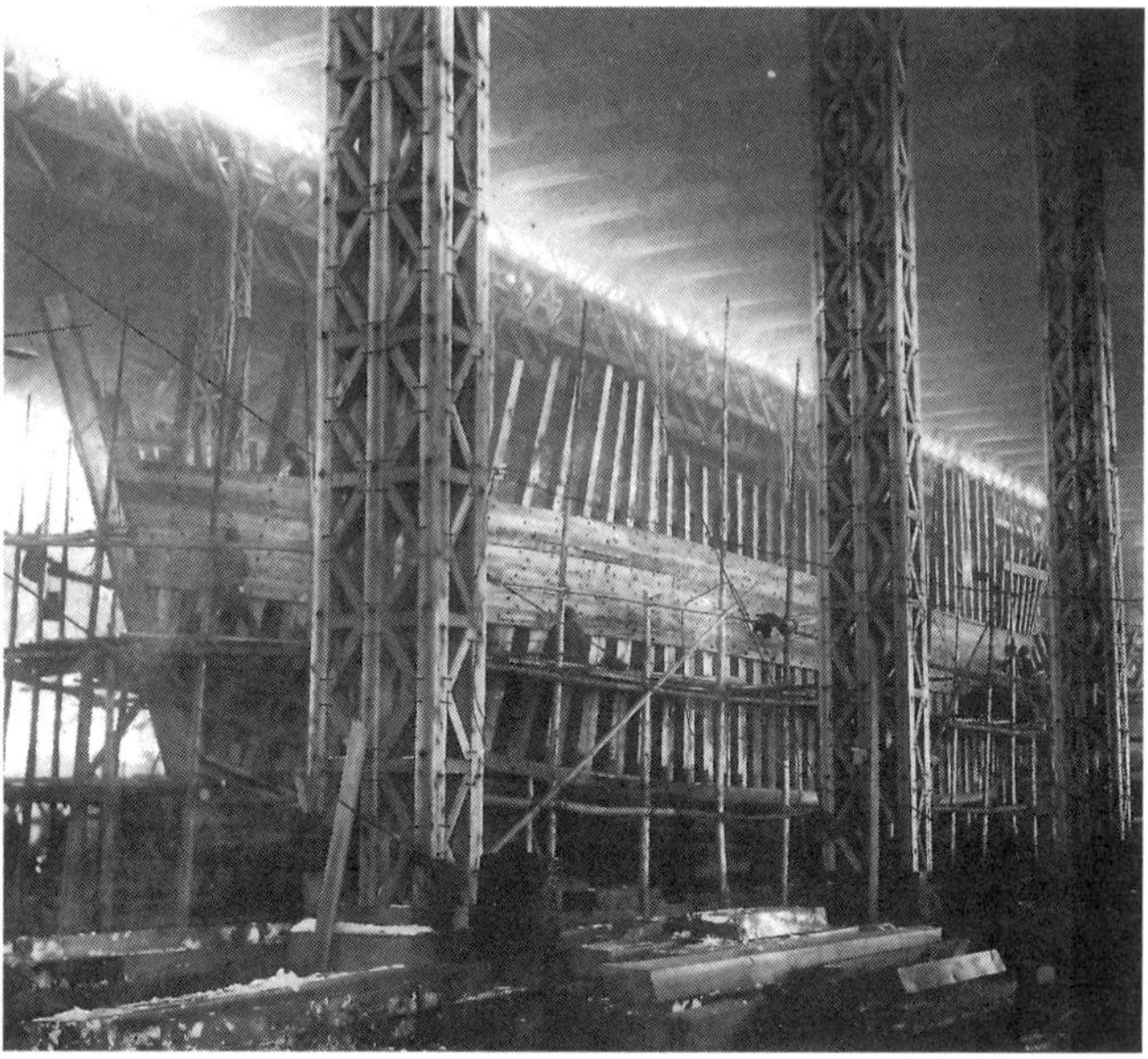

写真10：能代の木造船工場内
鉄不足のため、当然のことながら工場も木造である。造船所の大架構を木造で実現した建築技術にも特筆すべきものがある。今日のような集成材も入手できず、大径木は一切使わず、おそらくカスガイだけで木造のトラス柱とトラス梁を組み上げている。
(「定本 幻の木造船」野添憲治著2004年より)

写真11：進水前の木造船1号

要求仕様は満たしていたのであろうが、これで外洋航路に出ていくのは自殺行為と思われた。実は工場から河口まで2～3kmの距離があり、浚《しゅん》渫《せつ》しなければ進水できない状況であった。約束されていた海軍の浚渫船が来ないことがわかると、コロとロクロを使い、人力で陸上を移動させて進水させた。「全員が、自分たちの汗の結晶である船を何とか進水させたいという異常なまでの執念に燃えていた。」

進水した3隻は「実際に南方に行き運搬船の役割を果たしたと伝えられている。だが、どこに所属し、どんな仕事をおこなったかを示す資料は見つかっていない。」

(「定本 幻の木造船」野添憲治著2004年より)

7　建築と民主主義

社会の中で暮らす私たちには、個人と社会を調和させながら行動することが、常に求められています。個人と社会のどちらかが突出しても、全体として不幸になるからです。そして私たちの社会は、個人と社会を調和させる方法として民主主義を選びました。さて、建設という行為は、たいていの個人や法人にとって財産権の最も大規模な行使を伴う活動となります。そのため、他者の権利（例えば近隣住民の権利）や、公共の福祉に関わる問題（例えば、環境問題や道路建設に伴う立ち退き問題など）との間でしばしば大きな摩擦を引き起こします。そのような摩擦をどのように回避するのか、あるいは解決するのかという建設行為を巡る社会のありように、その社会の民主主義の隠れた本質が、否が応でも表れざるを得ないのです。

ですから、現代の私たちの生活やビジネスなどの活動と、建物・施設を建設する行為がどのように結びついているのかについて、建設業界以外の方々にも是非知っておいてほしいと思います。本来、業界の人間や建築の専門教育に携わる人間が、もっと早くからより積極的に社会に発信してゆくべきことでした。しかし、残念ながら現実は、姉歯事件や杭データ偽装事件、大地震の建物被害などの個別の事象だけがセンセーショナルに取り上げられる度に、尻馬に乗るような形での無責任なコメントばかりが積み重ねられ、冷静で公平な議論からは遠ざかるばかりのようです。大手建設会社の幹部候補社員の研修講師をする機会があるのですが、専門家と言われる彼らであっても、社会と建築の関係をあらためて問い直されると新鮮に感じるようです。

ニュースなどを通じて「建築基準法」、「確認申請」、「一級建築士」などの用語はかなりメジャーに知れ渡るようになりました。「一級建築士」という資格は、かつて業界内では「足の裏の米粒」などと言われていました。取らないと気持ち悪いが、取っても食えないという意味です。「君たちの中には、職業として蕎麦屋を馬鹿にする者もいるかもしれんが、一級建築士は蕎麦屋の数よりも多い。偉さということでいえば、蕎麦屋のほうが偉いと心するように」30年以上前のことですが、建築学科の授業で言われた言葉です。建築関連のニュースのコメンテーターとして「一級建築士の○○さん」が登場する場面を見ると「一級建築士」のステータスを巡る社会の誤解を見るようで、何とも居心地の悪い感じがします。

さて、以上を踏まえざっくり言うと、個人にとっても企業にとっても（そして公共団体にとっても）、その活動に大きな意味を持つ建設という行為について、個人と社会との関係を定めたものが、建築基準法と、これに関連する建築士法などの各種の法制度です。建築基準法は、特に生活を大きく左右する法律の1つであるにも関わらず、残念ながら法律の真の趣旨はほとんど理解されていないようです。日本の民主主義の骨格を、建設という具体的な行為を通して示す、日本国憲法の次に独特の精神と成り立ちを備えた法律なので、専門家でなくとも是非、頭に入れておいてください。

建築基準法の独特の性質は「建築確認」という概念に端的に表れています。用語としては、多くの人に知られていますが、かなりの人が間違って認識しています。「建築確認許可」または「行政からの建築許可」が下りるという言い方をする人がいますが、これは、してはならない間違いです。なぜなら、建築確認とは、行政の「許可」を排するための制度だからです。どういうことでしょうか。

戦後、ＧＨＱの占領下で建築基準法を制定する際、法案を検討した建設省の係官は、建築に求められる基準について「許可制とすることは行政の自由裁量の余地が生じ弊害も予想され非科学的」と考えたと言います。行政の裁量に対し、ある意味で性悪説に立って国民の財産権を守るというのが、「建築確認」の精神だと私は考えています。そしてそれは、日本国憲法二十九条二項「財産権の内容は、公共の福祉に適合するように、法律でこれを定める」に依拠しています。

改正に向け建設省が作成した基準法案は、建築確認を行う主体である建築主事を都道府県に置く、となっていましたが、当時のGHQからは、「建築主事を市町村（基礎自治体）に置けるように」という指摘がありました。建設省と都道府県はこれに反対し、「特定行政庁」という新たな用語で対応することになりました。

この間に議論になったことは、地方自治の原則に関わる問題でした。行政の自由裁量の余地を徹底的に無くすまではよいとして、市町村の建築主事が「確認」するのみという制度の急進性に対しては、慎重な態度がとられたということです。今日の視点から振り返ると、主体となる「地方」において、地方自治への理解が追い付いていなかったということを考慮してのことだと理解できます。こうして1950年（昭和25年）5月2日に建築基準法は公布されました。

その後、日本の社会と建築基準法はどのように変化したのでしょうか。

大きな転機となった1つが、2007年の「姉歯事件」をきっかけとする基準法改正です。当時、耐震偽装の被害者の様子や、「行政の責任」の追及や業界への不信感の表明が多くのメディアを賑わせ、その社会的圧力もあって建築基準法が改正されました。

この改正について見落とされている重要な問題は、建築基準法制定時の基本精神である、行政の裁量余地の排除と地方自治の推進を、ある程度抑制していく方向に舵が切られたということです。規制の複雑化は、行政にとってすら重荷となるような裁量余地の拡大を招きましたし、審査の負担増は地方自治の圧迫要因となっています。こうしたことは、政府や行政が意図したというよりは、国民からの大きな声が招いたことです。建築の問題に限らず、市民参加というのは、行政や企業の責任を追及し、規制の強化を声高に求めることとは別のことであるはずですが、今の日本ではその力に対抗すること自体が社会的に困難になっています。

かつて、街並みへの圧迫感を理由にビル建設への反対運動を主導していた方から、計画地の隣にある自分の敷地に更に圧迫感のあるビル建設を依頼されるという事例を目にしたことがあります。なりふりかまわぬ自己権利優先の主張にあきれた覚えがあります。市民社会の自己統治能力の劣化は、公の権力への依存を強める結果を招くのです。

　バーチャルな世界の比重が大きくなる今日ですが、社会のありようを規定するものとしての建築の影響力はいまだ、絶大です。そして、その影響力というのは、完成した建築にあるのではなく、建築しようという個人や企業の意思と、建築実現のフロー、関わり合うステークホルダー（利害関係者）の網の目などからなるダイナミックで複合的なプロセスの中にあります。健全な建築プロセスを維持、稼働させ続けることは、日本の民主主義を維持していくうえで不可欠なのです。

第4章　未来　イノベーションの方向性、アートの力、建築の力

1　人質となった未来を救う

地方創生を進めるにあたって大きな壁となる問題はいくつかありますが、地域住民の理解の問題も避けて通ることができません。地域住民の理解が壁となる最大の要因は、地方創生そのものが必ずしも地域住民の要望にかなったものではないということです。

ある地域で地方創生のお手伝いをしていた時、偶然、街中でその地域の議員の方を紹介され、お話をすることになりました。私からは、より良い地域のために頑張らせていただきますとご挨拶したのですが、返ってきた答えは「あんまり余計なことをするんじゃない」というものでした。「議会で承認された事業なのに」とも思いましたし、地域の未来にとってメリットのある取り組みだと考えていたのですが、それは現状に満足している地域の住民にとっては迷惑以外の何物でもないと言う考え方も成り立つのです。今はよくても10年後20年後、この地域はますます衰退してしまう可能性が高い、ということに対して手を打つということへの意欲や情熱は絶対では無かったのです。

似たような経験として、とある老朽化している団地の建て替えの再開発事業での地権者への説明会の場での出来事も思い出されます。その再開発は地権者にとって奇跡的に有利な条件が提示されていました。しかし、数名の地権者の反対により私の担当期間中に中断してしまったのです。

ある高齢の地権者は、自分は先が短いので関係ない、生きている間は環境が変わるのは絶対に嫌だ、と主張しました。変わること自体に反対なので条件の提示ができず、大変困った記憶があります。しかし一方で、他の地権者は老朽化への対策を切望していました。

未来に向けた意思決定を行おうとする場合、「現在」を優先し「未来」が現在の人質になってしまう状況と言うものが、人数が増えれば増えるほど起こりえます。

朝三暮四の故事を地で行くような出来事に対し、民主主義的な手続きの無力を感じてしまいます。多くの善意と熱意に溢れた行政担当者が地域住民から責め立てられる場合、地域住民によって未来が人質になっていると言える状況が少なくないように感じられます。

米百俵と言う有名な言葉がありますが、現在に捉えられている多くの人たちを未来に向けて導くことがリーダーには求められています。

そんな中、未来を描く上で最も純粋に考えを巡らせるのは子供たちであると私は思っています。地方創生や街づくりに関わるプロジェクトでは、子供を対象とした簡単なワークショップを開催するようにしています。ワークショップを一言で言えば、参加者が手を動かしながら意見をまとめる市民参加の新しい形です。

本格的なワークショップとなると期間も費用もかけて行う必要がありますが、小規模なプロジェクトではコストもスケジュールもかかり過ぎてしまいます。また、参加者を子供とする場合、学校の授業や塾との関係を考慮して計画する必要があります。特に受験を控えた小学校6年生と中学校3年生の子供の参加はかなり困難です。そんなわけで、平日の午後、授業が早めに終わる日を選んで、1時間から2時間程度のミニ・ワークショップの形式を提案しています。

子供を対象にしたワークショップを提案すると、「子供にそんなことができるのでしょうか」と行政の担当者だけでなく学校の先生方も不安を感じることが多いようです。実際に実施してみればわかることですが、小学校中学年以上の子供たちは、自分たちの地域、街、未来について驚くほどよく理解し、考えてくれます。子供時代というのは、社会に出る前の勉強するステージであると考えられていますが、ワークショップなどを通した社会課題への取り組みは、勉強であると同時に地域運営の実践機会でもあり、皆真剣に緊張感を持って取り組んでくれます。大人では導くことができない解決を提供してくれる存在として、子供も社会を舵取りする一員としても扱うべきだと考えています。

子供たちの力を活かして、「現在」の人質となった「未来」を救いましょう。

2　君と僕のイノベーション

日本が世界に発信する文化的コンテンツの1つに「オタク」文化が挙げられます。新しいニーズを生み出し、マーケットを創造したという点でいえば、今世紀最大のイノベーションであると言って良いと思います。

ところで、「オタク」は、今でこそある種のカルチャーを共有するコミュニティを指す一般名詞になりましたが、もともとは、二人称代名詞として「おたく」と呼び合う様子を半ば揶揄するようにして呼ばれるようになったものです。

オタク文化と呼ばれる嗜好は、そもそもかなり間口の狭い、いうなればマニアックなものでした。昭和から平成にかけて、さまざまな流行やカルチャーコミュニティが生まれては消え、「オタク」の対象となるコンテンツもかなり入れ替わりましたが、「オタク」が文化として強固な持続性を獲得し、グローバルに価値観を共有できるに至ることができたことの背景に、実は「おたく」という、二人称代名詞が果たした役割は大きかったのではないかと考えています。

英語でのコミュニケーションでは「ｙｏｕ」という二人称代名詞の使い勝手の良さには絶対といってよいものがあります。海外で知らない人に話しかけたり話しかけられたりする時に、コミュニケーションのネットワークがあっという間に広がっていくことを実感します。私の記憶にありますが、秋葉原などで、初対面ながら同じような趣味を持つ者同士が「おたくさあ……」と呼び合っている状況は、日本語でありながら限りなく英語の「ｙｏｕ」に近いニュアンスがありました。

普段、私たちが使う日本語には、「ｙｏｕ」にあたる、汎用的な二人称代名詞が見当たりません。日本語では、自分と相手の上下関係、親密度、相手に関する属性に触れずに二人称で呼びかけることが困難です。

「あんた」「お前」「君」「貴殿」「あなた」……

日常生活では多くの場合、相手の属性で呼びかけます。

「お客様」「先生」「社長」「お兄さん」

または、何とかして二人称を使わないように工夫する必要があるのです。

「ちょっとすみません」「おい、こら」……

これは相当不便なことです。見ず知らずの相手に呼びかけようと思うと、英語で話す以上に神経を使います。一方で「おたく」はある意味、世界的に有名になった二人称代名詞です。

日本語のコミュニケーションが内向きになってしまう原因の1つが、二人称の難しさにあるのではないでしょうか。私は、日本語のきめ細やかでニュアンスに富んださまざまな言い回しが好きですし、海外の多くの日本文化研究者がそこに大きな魅力を感じていることも知っています。しかし一方でこのことが、日本のビジネスの広がりと情報発信力を阻害する要因の1つとなっているように思えるのです。

「おたく」という冴えない二人称代名詞は、上下関係や相手の立場を前提としない出会いとコラボレーションが、創造的なイノベーションを生み出すという確かな証拠です。私たちの日本語の普段の言葉遣いは、内輪では便利ですが、見ず知らずの初対面の人に対等に声をかける時にはかなり貧弱です。

かつて「おたく」と呼び合っていた少年たちは、どちらかというとコミュニケーションが苦手であると自覚している集団でした。しかし彼らは、フラットに認め合うメンタリティをもって世界的な文化潮流を生み出した日本における今世紀最大のイノベーターとなったことをイノベーションの成功事例として捉えるべきだと考えます。

そして加えるならば、二人称代名詞としての「おたく」はフラットな二人称ではありますが、「オタク」コミュニティへの参加を暗示するという点で、逆に「場」の色が付き過ぎています。ですから、例えばビジネスの「場」で使うことは難しいでしょう。私たちはこれから、より易しく簡易な日本語を開発していく必要があります。例えば、駅の構内放送などでは、多国語化も大切ですが、過剰な丁寧語、謙譲語、尊敬語は廃止し、日本語入門者でも理解できるよう改めるべきでしょう。今日の日常的な日本語には、明治維新時に改編されたものがたくさんあります。「君」や「僕」などの人称代名詞も、明治時代生まれです。

つまり、言葉を変えると、メンタリティが変わるのです。

3　モビリティと身体性

ロシアの建築家にウラディーミル・タトリン（1885―1953）という人がいます。代表作として有名なのが1919年の「第3インターナショナル記念塔」の構想です。鉄とガラスでできた高さ400mのタワーの構想で、実現はしませんでした。タトリンには多くの人の頭を悩ませた奇妙な作品があります。ロシア語で飛行することを意味する「レタト」と作者自身の名前を繋いで「レタトリン」と呼ばれる作品です。それは鳥のような翼を備えた、木製の人力飛行機です。

1932年のタトリンの作品展で公開された時、レタトリンは大きな議論を醸し出しました。当時の論評の中でタトリンは、これが「芸術作品なのか技術的な製品なのか」と問われ、「純粋に実用品として見てほしくはありません。私は芸術家としてこれを作りました」と答えると同時に、「私たちは空を飛ぶことを覚えなければなりません。泳ぐこととか、自転車に乗ることを覚えるのと同じように。」「飛行機の機械的な飛行によって奪われた空を飛ぶ感じを人間に取り戻したい」とも述べています。また、「レタトリンの実用性とは何か」と迫られると「グライダーと同じです」と応じ、「労働者はグライダーを持つ必要がないか」と返しました。

当時のソ連では、ロシア革命の熱気が冷め産業生産性での成果が求められるようになっていました。そうした状況を受けて芸術作品と実用品の線引きの明確化への圧力が高まる中、インタビュアーはどう評価して良いのか混乱したようです。

移動手段の確保は、都市を成立させる上での重要な要件です。飛行機、船、長距離列車などの長距離移動はひとまず置くとして、都市内、地域内交通を担う新しいプライベートなモビリティの登場は、これまでも待ち望まれてきました。そして、新型コロナ以降、そのニーズは高まる一方です。中でも自転車にはキーデバイスとしての可能性が期待されています。では、新たなプライベート・モビリティが普及する鍵は何でしょうか。

「恋愛なんて取るに足らない行為ですよ。際限なく繰り返すことができるのですからね。」アルフレッド・ジャリ（１８７３―１９０７）による「超男性」（１９０２）は、このセリフで始まります（澁澤龍彦訳）。「超男性」はシュルレアリスム小説と呼ばれていますが、山場は自転車レースなので、最初の自転車小説と呼べなくもありません。そして、その自転車レースは少し変わっています。

フランスのサロンに集まったメンバーの間で「男性」の力が有限か無限かという議論になり、無限性を証明するための長距離自転車レースの開催がアナウンスされます。その自転車レースとは、パリからシベリアを横断しハバロフスクの手前で折りかえす1万マイル（＝1万6930km）の一直線のコースを5人乗りの自転車で蒸気機関車と競走するというものです。自転車の選手は、「ストリキニーネとアルコールを基礎とした……永久運動食」だけを摂取しながらノンストップで5日間走り続け、観客は平行に走る蒸気機関車に連結された2両の客車からレースの様子を追跡するという仕組みです。

19世紀中ごろに発明された自転車は、20世紀初めの産業の工業化とともに、より一般に普及していく過程で、時代の雰囲気を象徴する存在の1つとなっていきます。その雰囲気はやがて、「自然イコール女性性」に対する「機械イコール男性性」の優位性を確認したい欲求。「機械」による身体性の変化と拡張の感覚。そして、スピードそのものに美を見出す姿勢などへと育っていきます。「超男性」著者のジャリ自身も自転車とピストルと酒に耽溺《たんでき》した人だったようです。

自家用車にせよ、自転車にせよ、プライベートなモビリティは身体性を拡張した機能を発揮させるので、制約からの開放感や万能感などのある種の快感を呼び起こします。超男性に描かれた人と機械が連携して作動する「マン・マシーン・システム」に身をゆだねる感覚や、レタトリンが取り戻そうと企図した自由に空を飛ぶ感覚、こうした身体的な欲求に実用だけでなくデザインとして応える製品の誕生が、新システムの社会実装の原動力になると私は考えます。

自動車について言えば、かつて、免許をとって車を運転するということが合理的な目的や利便性とは関係なく若者にとっての共通の憧れだった時代に、日本の自動車産業は大きく飛躍したのではないでしょうか。今日の各種の運転アシスト機能の充実とカーナビの普及は、目的地により安全・簡単に到達できるようになった反面、運転を作業に変えてしまいつつあります。現在、自動運転カーの開発と社会実装に向けて、各国、各自動車メーカーが鎬を削っていますが、自動化が進んだ自動車が合理的な便益に特化していくと、自動車を保有するフェティシズムや身体性の拡張感が消失し、消費の多様性は失われていくと思われます。それは、所有とレンタルの垣根がなくなり、ラインアップが均質化していく、今日のスマホ市場にみられるような各社から似たような商品が販売されているという状況です。

「労働者はグライダーを持つ必要がないか」というタトリンの問いは社会を変革するアートの

力の本質を示しています。そして消費の多様性こそが市場発展の必要条件です。

新しいe－Bike（電動アシスト自転車）をはじめとするパーソナル・モビリティを、日本においても自由な環境で開発、実用化させ、グローバルな競争力のある産業分野へと育てていく上で大切なことは、技術力や「ものづくり」力だけではないのです。

写真12：第三インターナショナル記念塔の模型（1919）
その名の通りコミンテルンの活動のシンボルとして、ロシア革命を受けて構想された高さ400mのラセン状の鉄塔。実現しなかったが、その後の世界中の建築家にインスピレーションを与える。また、タトリンは絵画と彫刻の境界を取り払う立体的な絵画作品などでも世界に影響を与えた。国境を越えてグローバルな影響力を波及させる非日常の芸術の力と、革命の興奮を国内の日常に閉じ込めたい政治の動向は、その後の芸術家たちの運命を大きく左右した。

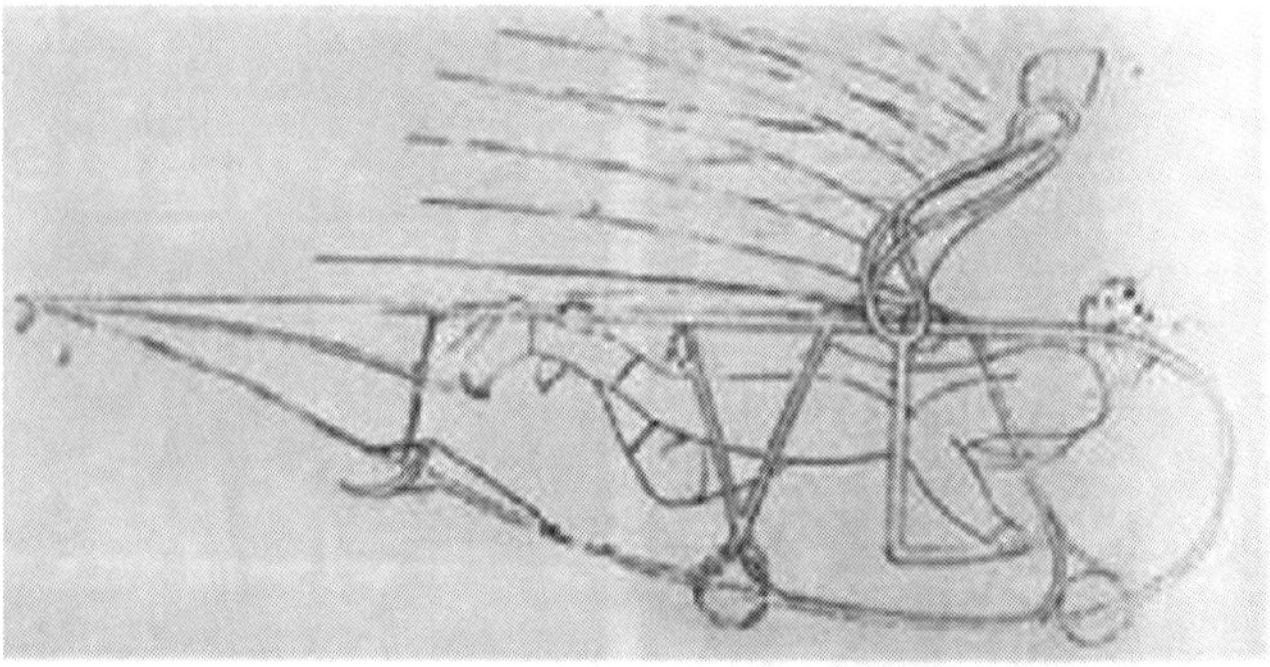

写真13、14、15：レタトリン
アメリカの有名な建築評論家であるケネス・フランプトンは「レタトリン」を次のように評している。「無意味な機械の追求においてロシア人たちは全く役に立たないわけでもないが、完全に役立つわけでもない機械を志向した。…機能主義に潜む夢はレタトリンによって不合理の頂点に達した」。
しかし私たちは、不合理な機能主義に潜む夢によってしばしば突き動かされる。

4　ロシアの残照と現代デザイン

ソビエト連邦が崩壊してしばらくたち、スパイ小説やアクション映画がなんとなくつまらなくなり、ソビエトといってもピンと来ない人が多くなりましたが、今日のデザインやアートは、ソビエトを誕生させたロシア革命から大きな恩恵を被っています。

ロシア革命をはさんで、ロシアでは先端的な芸術活動が活発に展開されました。そして革命後は、多くの芸術家が共産主義革命に新しい芸術の夢を託し、その成果が一気に花開いていきます。これらを総称して「ロシア・アバンギャルド」と呼びます。「ロシア・アバンギャルド」の運動はスターリン時代になると弾圧されるようになり、社会の表舞台からは抹殺されます。原因は、スターリンの趣味に合わなかったためとも、貧しい農民たちが新しい芸術より貴族趣味に憧れたためとも言われています。有名な作曲家プロコフィエフも、日本経由でアメリカに亡命しました。ソビエト崩壊後、政治的な理由で秘匿されてきた「ロシア・アバンギャルド」関連の資料が数多く公開されるようになりました。しかし、プロコフィエフがアメリカで大成功を収めたように、ロシア革命発のデザインやアートは実は当時から世界で高く評価されていたのです。

革命後のソビエトでは演劇は重要な分野でした。通信手段が整わず、識字率も高くなかったソビエト連邦の隅々まで、目指す社会のイメージを伝えると同時に、娯楽を提供し、新しい体制への賛同を集める手段だったからです。そして、初期の演出家や作家は、これまでの貴族的な衣装や題材は新しい芸術には相応しくないと考えました。新しい芸術のテーマとして取り上げられたのは、力やスピード、機械をモティーフとする機能の概念、運動そのものへの関心、過去の歴史や特定の文化から切り離された抽象的なイメージなどでした。例えばメイエルホリド（１８７８─１９４０）が１９２０年ごろに創出した演技体系「ビオメハニカ」は、個性や表情を一切廃し、幾何学的な運動そのものでの表現を目指しました。そして舞台衣装にもリボンやフリルによる装飾、男女の違いの強調を一切排した、直線と円、三角形で構成された幾何学的でグラフィックなデザインが考案されたのです。この舞台芸術の演出やデザイン性はブロードウェーのエンタテーメントにも取り入れられていきます。

そして、ロシア革命演劇の舞台衣装は、今日のスポーツウェアのデザインの源泉となっています。ロシア・アバンギャルドとは少し違いますが、ロシア・バレエについても触れておく必要があるでしょう。レオタードはフランス人のレオタールの発明ですが、レオタードにより可能になった有名なニジンスキーの身体表現は、体の動きそのものをアートとして表現する衣装デザインへと発展しました。

ちなみに、世界的に有名な建築家、ザハ・ハディドのキャリアの原点もロシア・アバンギャルドの作家、カジミール・マレーヴィチのシュプレマティスム絵画に負っています。

19世紀末からの社会の動きと感受性の変化は、革命前後のロシアで受け止められ、凝縮した後にアメリカ経由で世界に広がり、再生産されました。ロシア革命が生み出した「アート」の持つ価値創造の力が、今日の日本でも有効であるということにはどのような意味があるのでしょうか。それは、私たちがいまだに「アート」の背景となる「課題」の射程内に立っているということでしょう。

図22：ロシア・アバンギャルドの衣装デザイン

図はメイエルホリドと密接な関係を持って活動していた、ワルワーラ・ステパーノワ（1894—1958画家、舞台美術、デザインでも活躍）による「タレールキンの死」舞台衣装と、スポーツウェアのデザイン。
衣服に幾何学的でグラフィックなデザインを取り入れた初期の事例の1つ、最初は舞台衣装から始まったアイデアだと思われるが、芸術家たちはすぐに、日常のデザインに取り入れることを考え付いた。
(『ロシア・アヴァンギャルド　未完の芸術革命』水野忠夫著1985年より)

5　デザインを超えて

今やデザイン思考、デザイン経営という言葉も当たり前に使われるようになり、デザインが重要だということに異を唱える人は少なくなりました。製品の外観デザイン、目に見えない業務プロセスのデザイン、インダストリアルデザイン、そしてユーザインターフェースデザインなど、さまざまな分野で優れたデザインが競争力の源泉となっています。

では、これらに共通するデザインとはいったい何でしょうか。それは、複雑な課題に対する、誰もが共感できる解決のカタチであると言えるでしょう。良いデザインのポイントは共感であり、共感を集めることができる課題解決がより幅広く受け入れられる、と言う意味でデザインはコミュニケーションの側面も備えています。

ところで複雑な課題解決のカタチとしては、優れたデザインがあるだけで充分なのでしょうか。例えば、これまでビジネスにおける競争とは、より良い課題解決を競う競争だったと言って良いかもしれません。しかしそれだけで差別化は可能なのでしょうか。今日、私たちが本当に競わなければいけない競争においては、デザインだけでは不十分なように思われます。優れたデザインと言うことは当たり前であって、その先が問われているのです。私はそれを、アートと呼びたいと考えます。

アートとは何でしょうか。デザインが共感できる課題解決として提示されるのに対し、アートは個人から出発した課題の提示です。

20世紀の作曲家ジョン・ケージの本の中で私の大好きな逸話を紹介しましょう。抜粋すると次のような内容です。

ジョン・ケージがシェーンベルクに師事していた時、和声のクラスで1題の対位法の問題を与えられました。解答を提示すると「正解です。ではもう1つの解答を考えなさい」と言われ、何回か解答の提示を繰り返したのちに、「もう他に解答はありません」と答えました。その後のシェーンベルグの言葉はジョン・ケージのその後を方向づける忘れられないものだったようです。

彼（シェーンベルグ）は他の人々よりも優った人間だと思っていました。……そのときの彼は彼自身に対してすら優っている、と思えたものでした。彼はこう言ったのです「これら全ての解答の根元にある原理は何でしょうか」。私はこたえることができませんでした。
そして最近、そうしたすべての解答の根底にある原理とは、人が発する問いなのだ、という考えを私は得たのです。（『音楽の零度』１３４ページ）

私もこのエピソードに初めて触れた時、多様な解答の根底にある原理を問うという方法論に心を打たれ、その後もずっと忘れずにいたのですが、改めて現在の私の問題意識に引き寄せて言わせてもらえば、アートの本質は「問い」だと言えると思います。そしておそらく、問いを発する人、全てがアーティストなのです。

20世紀のコンセプチュアルアート全盛期、「アート」とは批評である、またはカールマルクスが言う「疎外」に対する抗議活動である、と言うような考え方がありました。それは一方で真実であったかもしれません。また、アートに対する過大な期待の裏返しであったでしょう。しかし、そうした見方がこれまで、アートの可能性への気付きを遅らせた原因であるとも思います。

21世紀に入り、環境問題や人口問題に対して、資本主義対社会主義というようなイデオロギーを介さずに、生き残るには誰が何をすべきか、というようなダイレクトな解決策を模索せざるを得ない状況に、私たちは投げ込まれました。それとともに、アートのより触接的な役割が浮かび上がってきました。

繰り返しになりますが、アートの直接的な役割とは「問い」です。この「問い」は解決を前提としていません。そしてこの「問い」は個人から出発するほかないのです。しかし真のイノベーションはこのような報酬を前提としていない、個人からの「問い」から生まれるのです。

私たちは皆、マーケティングや必要性から生まれたサービスだけで満足できるとは思っていないはずです。本当に欲しいサービスとは心から生まれたサービス、それは結果や報酬が約束されたデザインの追求からではなく誰かの個人的な思いに端を発した、アートに由来するものであって欲しいと感じています。だから事業の競争力の源泉もアートに求めるべき時代となったのです。

6　建築の時間、人の時間、デジタルの時間

建物や施設は、日々の活動の場として運営される現実の空間を生み出しますが同時に、資産として財務諸表の中に抽象的な数字に置き換えられても存在します。また、図面や仕様書、メンテナンス履歴など、物理的な建物や施設と対応関係にある記録やデータによって、組織的に管理され、その性能を発揮します。現実の建築を過不足なく維持管理保全してゆくためには、物理的に存在する建物や施設のさまざまな要素や部品、部位と正確な対応関係を保った台帳が必要となります。その台帳は、ちょっとした建物でもかなりの分厚さになるでしょう。ちなみに世の中の主だった「製品」の部品点数を比較すると、家電 3千点、自動車 3万点に対し、建築は30万点になるという試算があります。（早稲田大学客員教授、五十嵐健）

電子的なデータベースを活用すれば、建物・施設の管理台帳を構築することは不可能ではありません。しかし、建物・施設は、特殊な場合を除いて最低でも10年、ＲＣ造の事務所ビルの耐用年数（減価償却資産の耐用年数）で50年、物理的な寿命では１００年に達することもある

長寿命な存在です。最低10年以上保存が必要で、できれば50年間保存が必要な書類がたくさんあり、しかも途中で予測できない更新が必要になる、そんな要求に耐えられるデータベースは現在の世の中に存在するでしょうか。

パソコンが普及し、日本語ワープロで書類が作られるようになり、書類やデータの電子化が本格化して30年ほどになります。それから今日に至るまで、そのデジタル・データの世界は常に断絶してきました。今、私たちが扱っている電子データは10年後再利用できるのでしょうか。できたとして、そこにどれだけの価値があるでしょうか。今日の建築の竣工データの利用を考えると、世間一般で考えられている電子データの価値の自明性は大きく揺らぎます。

分野別の産業生産性について論じる時に、デジタル化の進捗度合いは必ず話題に上ります。ＧＡＦＡに代表される次世代の覇権産業分野における高い利益率は、既存ビジネスモデルやサプライチェーンをインターネットに代表されるデジタル技術によって代替することで実現しています。そして、そうしたデジタル技術への対応が遅れている産業分野は、自己革新の努力と投資が足りていないというわけです。

建設分野では、ＣＡＤ（Computer Aided Design）の導入による設計図の電子化、３次元での検討、建物・施設の電子データの3次元化（3D化）、CGや、バーチャルリアリティによる外観や空間のシミュレーションなどの取り組み、そしてそれらを包括的に統合するとされているBIM（Building Information Modeling）などの技術導入が図られており、目覚ましい進歩を遂げていると謳われていますが、実態はどうでしょうか。デジタル化により、建設費や工事スケジュールが2分の1になったりするような恩恵を受けたことがあるという話は、あまり聞きません。

今日までのコンピューターの発展は、何よりもデータ処理をより高速化したいという欲求に突き動かされてきたといえます。高速化すれば、付随して大容量のデータを扱えるようになるし、複雑な処理も可能になります。ですから、よりスピードを求められ、データ処理のサイクルの短い事業や業務ほど、デジタル化の恩恵を被ることができたのは必然的なことと言えます。

建築の場合、大規模修繕は10年に1回が標準です。細かい修繕や消耗部品の交換でも大体1年に1回でしょうか。さらに、改修工事などの場合、図面（台帳）と現物が異なっていたらそれは現物優先です。預貯金額に例えれば、通帳ではなく財布と金庫の中の現金の合計額を優先するとなったら、誰も預金通帳を重視しなくなりますが、さらにその通帳が10年に1回しか使われないとしたらどうでしょうか。今日、建築において起こっていることはそういうことでもあります。

設計図や仕様書などのハードとしての建築の情報は頻繁に更新されることは少ない代わりに、10年から50年、場合によっては100年を超えるスパンで必要とされ、再利用されます。そのありようは、今日のデジタル技術が追い求めている方向性とはまるで逆方向です。今から30年以上前、音楽CDの販売が始まった頃、レコードとは異なり半永久的な耐久性が謳われましたが、実際に寿命が長かったのはアナログレコードの方でした。

近年、王羲之の有名な書作品である蘭亭序を見る機会がありました。（実際には王羲之の書の真蹟は失われており、蘭亭序の場合は臨模や摸刻の拓本である）会場には、多くの人が詰めかけていましたが、改めて印象に残ったことは、紀元4世紀の中国という、時間も空間も隔たった場所で生まれたデータを、多くの日本人が不完全ながら読み解けるという事実です。では、21世紀に入って以降に日本で生み出されたデータが、1500年といわず、150年後に多くの人に読み解かれる状態で保存されるでしょうか。

私たちは、スピードを競わなければならない環境に投げ込まれ、デジタル・トランスフォーメーションの波に適合し、時間をよりミクロに微分化していく世界に生きる中で、50年、100年スパンの時間の感覚と連続性を見失いつつあります。

1977年に打ち上げられたボイジャー探査機2号では、最低でも到達に4万年かかると予想される太陽系外へのメッセージを搭載するにあたり、金メッキされたアナログレコードを記録媒体として選びました。ロングスパンの時間軸への想像力は今日までのデジタル・データの指向する場所とは違うところにありそうです。過去から未来への時間感覚を失えば、今日の競争に勝てたとしても、企業にも社会にも明日が訪れることはないでしょう。

7　建築の目的

建築とは何のためにあり、なぜ建てられなければならないのでしょうか。

大学で私が受けた建築教育は、理工系に分類されているためかエンジニアリング的な思考法に偏っていた部分があるように感じます。冒頭の質問、「建築は何のためにあるのか」に戻って答えると、大学時代に最初に教えられた答えは、「まず第一に、シェルターとして生身の人間を守ること」と言う極めてエンジニアリング的な答えでした。

日本の建築は、屋根を重視します。最上層の梁を架け終えると「上棟式」で祝います。伝統建築を体積で計算すると、ほとんどが屋根裏であったりします。寺院の大型の本堂の屋根裏を覗いてみると、縦横に架けられた柱と貫のジャングルジムになっており、建設の労力の大半が屋根に向けられていることを実感します。建築空間とは屋根の下のことであり、水平的な領域の境目はあいまいです。

かつて、エジプトの発掘調査隊に参画したことがあるのですが、当時、現地で建てられている住宅は外壁を優先したつくりでした、もちろん屋根はあるのですが、手狭になると上へ上へと建て増しているようです。そのためか、どの家も外壁の上部は作りかけのように凸凹でした。雨を防ぐことを優先した日本の家屋と、外敵の侵入を防ぐことを優先したエジプトの家屋の対比は、シェルターとしての建築という答えの普遍性を私に納得させるものでした。

さて、私が参画した調査隊の発掘フィールドはルクソール近郊でした。周辺は、かつてテーベと呼ばれた古代エジプト新王国時代の首都があった場所です。ナイル川の東岸には市街地と有名なカルナック大神殿があり、西岸には、有名な王家の墓のほか、今も残るアメンホテップ3世の葬祭殿、ハトシェプスト女王葬祭殿など数々の死者のための石造の遺跡からなるネクロポリス（死者の都）が広がっています。カルナック大神殿、ルクソール神殿以外の主だった観光遺跡は全てナイル川西岸の死者のための建築です。強固な石造であることから4000年経った今も観光地として残っているというわけです。

では当時の生きている人たちが暮らす建物はどのようなものだったのでしょうか。マルカタ地区のアメンホテップ3世の宮殿などの遺跡が発見されているのですが、人気のある観光地にはなっていません。屋根も壁もほとんど崩落し土に埋もれた状態であまり見栄えがしないのです。これらのほとんどは、粘土を天日で干した日干し煉瓦でできた耐久性の低い建物でした。

古代のエジプト人は、生きている人間は寿命が短く寒暖の差に弱いので耐久性は低いが居住性の高い日干しレンガの建物を、死んでいる人間は寒暖の差を感じないが寿命が長いので耐久性は高いが居住性に欠ける石造りの建物を、それぞれ住居として選んだのでしょう。

死者のための建築はシェルターとは言えないでしょうが確かに建築です。古代エジプト人は、死者のための建築をひたすら建て続けたように見えます。それは、死後の世界という確実に訪れる未来への投資であり、生者の営みとして必要なことだったのでしょう。彼らが未来に向けた時間感覚が、4000年の歴史の中で結晶化したものを今日の私たちが目にすることができるというわけです。

建築には現在の活動に形と広がりを与える器としての役割があります。そして同時に建築を建てると言う行為そのものが未来への時間感覚の具現化と言う役割を持っています。建築は1度建てるとそう簡単にはなくなりません。その場に長い期間にわたって建築は残り続け新築の時の未来への意図を形として示し続けるのです。取り壊す場合もありますが、その場合でもその場所の新しい未来への意図がなければ、取り壊すと言う労力を払うには至りません。つまり建築は自分が描いた未来への意図のビジョンを突き付け続けるのです。

建物を建てたいと言う欲求の根底には、自分なりの未来を描きその器としての建築を形として表現したいと言う切迫したニーズが埋まっています。高度成長期の日本では、建設業がそのニーズの受け皿となって成長を牽引しました。今日、時代は変わり、価値観も変わりましたが、私たちは、建て続けるという意思を持ち続ける必要があると考えます。それは未来へのビジョンを描き形にするということでもあるからです。

写真16：ハトシェプスト女王葬祭殿（デル・エル・バハリ）
ルクソール西岸の岩山の麓に位置する葬祭殿。幾何学的な造形が背後の岩山との対比で際立って見える。建築が自然の造形に比肩しうることを示す数少ない例の1つ。その前に立った時、時間と空間を超えて共有できる美意識の存在を確信できる。

あとがき

タイのバンコクから北へ400㎞ほどのところにスコータイという奈良のような古都があります。スコータイに滞在した時のことです。ホテルで顔なじみとなった中国系のオーナーに、戯れに高校時代に暗記した漢詩（五言絶句）をいくつか紙に書いて披露してみたことがありました。オーナーは大変驚いて、自邸での夕食に招かれることとなりました。お宅に伺うと、オーナーは家族を整列させて私の紹介を始めます。それは、「彼は日本人なのに漢字が書けてリーパイ（李白？）を知っている。それに比べてお前たちは……」という感じで、漢字文化の継承の難しさへの苦悩がにじんだものでした。そして私は、日本とタイという4000㎞以上離れた場所に別のルートで伝えられた漢字文化が、1000年以上前の時を隔てて再会したという不思議に、めまいを感じる思いでした。

この時体験した、世界中のさまざまな事象が時間と空間をまたぎ見えない地下水脈で繋がっている、という感覚は今では私の確信に変わっています。このような地下水脈で繋がっている何かの総体に、人類が有史以来、営々と築き上げられてきた知恵の大系が潜んでいます。そして、この知恵の大系には、空間と時間を超える性質が備わっているのです。

さて、デジタル技術は距離の壁を破壊したと言われています。デジタル技術は、さまざまなつながりを強化し、現在考えうるさまざまな知恵へのアクセスを容易にしました。そして、それは知恵の大系が備える空間を超える性質そのものでもあります。しかし同時に、デジタル技術は知恵の大系のある部分を見えなくもしています。知恵の大系のもう1つの性質である時間の超越について、デジタル技術は今のところあまり関心を払っているようには見えません。さらにデジタル技術は、空間、時間の隔たりには関係なく、異分野や未知との出会い、予定にない偶発的な化学反応のチャンスを著しく減少させています。

新型コロナウィルスによる感染症の拡大は、この1世紀ほどの間に人類が築いてきたさまざまなつながりを大いに傷つけ分断しました。予想外の出来事が、ほぼ10年ごとに訪れるとすると、2030年ごろには新たな予想外の大事件が発生すると考えていた方がよさそうです。しかし、悲観することはありません。「知恵の大系」のどこかに指針となるヒントが必ず隠されているはずです。

著者経歴

高木啓司

株式会社山下ＰＭＣ知財・ＩＴ部門長。１９６４年東京都新宿区生まれ。

早稲田大学大学院理工学研究科修士課程修了。在学中は早稲田大学探検部に所属のほか、エジプト、タイの遺跡調査隊に参加。

大学院修了後は清水建設勤務。阪神淡路大震災直後の神戸支店勤務を経て、建築、土木、プラント、原子力、新エネルギー、環境事業、海外事業、技術研究、商品開発、新事業開発など建設業界のほぼ全事業領域業務に従事。

２０１５年より現職。自治体の戦略立案、地方創生支援プロジェクトに従事。

西ヨーロッパ最高峰モンブラン４８１０ｍ、アフリカ最高峰キリマンジャロ５８９５ｍなど登頂。共著に『父と子の冒険生活手帳』（こう書房）

Intelligence 3.0

2020年10月28日　第1刷発行

著　者　　高木啓司
発行人　　久保田貴幸

発行元　　株式会社 幻冬舎メディアコンサルティング
〒151-0051　東京都渋谷区千駄ヶ谷4-9-7
電話　03-5411-6440（編集）

発売元　　株式会社 幻冬舎
〒151-0051　東京都渋谷区千駄ヶ谷4-9-7
電話　03-5411-6222（営業）

印刷・製本　中央精版印刷株式会社
装　丁　　伊藤秀一

検印廃止

ISBN 978-4-344-92881-7　C0095
幻冬舎メディアコンサルティングＨＰ
http://www.gentosha-mc.com/